KB090727

Foreign Copyright:
Joonwon Lee
Address: 3F, 127, Yanghwa-ro, Mapo-gu, Seoul, Republic of Korea
　　　　3rd Floor
Telephone: 82-2-3142-4151, 82-10-4624-6629
E-mail: jwlee@cyber.co.kr

10대를 위한 진로 인문학

2018. 12. 14. 1판 1쇄 발행
2021. 1. 5. 1판 2쇄 발행
2021. 6. 18. 1판 3쇄 발행
2021. 11. 25. 1판 4쇄 발행
2023. 7. 19. 1판 5쇄 발행

지은이 | 정형권
펴낸이 | 이종춘
펴낸곳 | **BM** (주)도서출판 **성안당**

주소 | 04032 서울시 마포구 양화로 127 첨단빌딩 3층(출판기획 R&D 센터)
　　　10881 경기도 파주시 문발로 112 파주 출판 문화도시(제작 및 물류)

전화 | 02) 3142-0036
　　　031) 950-6300
팩스 | 031) 955-0510
등록 | 1973. 2. 1. 제406-2005-000046호
출판사 홈페이지 | **www.cyber.co.kr**
ISBN | 978-89-315-9082-1 (13370)
정가 | 14,000원

이 책을 만든 사람들
기획 | 최옥현
진행 | 오영미
교정 · 교열 | 오영미
본문 디자인 | 신인남
표지 디자인 | 임진영, 박원석
홍보 | 김계향, 유미나, 정단비, 김주승
국제부 | 이선민, 조혜란
마케팅 | 구본철, 차정욱, 오영일, 나진호, 강호묵
마케팅 지원 | 장상범
제작 | 김유석

■ 도서 A/S 안내

성안당에서 발행하는 모든 도서는 저자와 출판사, 그리고 독자가 함께 만들어 나갑니다.
좋은 책을 펴내기 위해 많은 노력을 기울이고 있습니다. 혹시라도 내용상의 오류나 오탈자 등이
발견되면 **"좋은 책은 나라의 보배"**로서 우리 모두가 함께 만들어 간다는 마음으로 연락주시기
바랍니다. 수정 보완하여 더 나은 책이 되도록 최선을 다하겠습니다.
성안당은 늘 독자 여러분들의 소중한 의견을 기다리고 있습니다. 좋은 의견을 보내주시는 분께는
성안당 쇼핑몰의 포인트(3,000포인트)를 적립해 드립니다.
잘못 만들어진 책이나 부록 등이 파손된 경우에는 교환해 드립니다.

― 청소년들의 진로 수업을 위한 첫걸음 ―

10대를 위한
진로
인문학

정형권 지음

BM (주)도서출판 **성안당**

"미래로 가는 열차"

애니메이션 〈은하철도999〉의 모티브가 된 미야자와 겐지의 《은하철도의 밤》에서 주인공 조반니는 친구 캄파넬라와 함께 은하열차를 타고 우주여행을 합니다. 〈은하철도999〉의 주인공 철이가 메텔과 함께 긴 여행을 하면서 차츰 세상과 인생에 눈뜨고 어른이 되듯이, 조반니도 은하여행을 통해 차츰 성장합니다. '행복한 삶을 위해서 나는 어떻게 해야 할까?' 여행하는 내내 조반니의 머릿속을 맴도는 생각이었습니다. 여행 중 만난 등대지기는 이렇게 말합니다.

"행복이 무엇인지는 잘 모르겠습니다. 하지만 어떤 괴로운 일이라 해도 그것이 옳은 길로 나아가는 중에 생긴 일이라면 오르막도 내리막도 진정한 행복으로 가는 한 걸음 한 걸음이겠지요."

우리는 모두 행복하기를 바랍니다. 하지만 살다 보면 오르막과 내리막이 주기적으로 나타납니다. 여러분은 지금 오르막에 있나요? 내리막에 있나요? 어느 길에 서 있든 진정한 행복으로 한 걸음씩 나아가고 있다는 믿음을 가지세요.

우리는 세상이라는 더 큰 학교를 가기 위해 예비 학교를 다니고 있습니다. 예비 학교를 졸업하면 세상에서 나에게 가장 잘 맞는 '일'을 찾아 자신의 실력을 발휘하게 될 것입니다. 그리고 여러분이 하는 바로 그 '일'을 통해 진정한 행복을 경험하고 삶의 의미를 깨달아 갈 것입니다.

'산다는 것'은 대부분 '일을 한다는 것'입니다. 일을 빼놓고 우리 생을 말할 수 없습니다. 일을 하지 않으면 마냥 좋을 것 같지만 시간이 조금 지나면 무기력해지고 삶이 궤도를 벗어나기 시작합니다. 그래서 행복과는 더 멀어지게 됩니다.

나의 하루를 보십시오. 누군가 일을 하지 않으면 나의 하루는 작동되지 않습니다. 누군가 운전을 해서 내가 학교를 가고, 누군가 문구점을 열어야 필요한 물건을 사고, 누군가 농사지은 곡식으로 식사를 하고, 누군가 수고한 대가로 안경을 쓰고, 누군가 땀 흘려 만든 스마트폰으로 연락을 하고, 누군가 만든 그릇과 컵을 사용하고……. 하루를 돌이켜보면 무수한 누군가의 도움으로 내가 살아가고 있다는 것을 알 수 있습니다. 누군가 '일'을 했기 때문에 나의 하루도 존재할 수 있는 것입니다.

그렇다면 나도 누군가를 위해서 '일'을 해야 합니다. 그것은 너무도 당연한 이치입니다. 서로 주고받을 때 생명은 유지될 수 있으니까요. 우리 모두는 일을 통해 관계를 맺고 있습니다. 어떤 일을 하든지 그 자체로 의미가 있습니다. 이왕이면 내가 잘할 수 있거나 좋아하는 일이라면 그 일을 더 잘 해낼 수 있을 것입니다.

우리는 빠르게 변화하는 현실에서 미래를 준비하며 살고 있습니다. 세상은 점점 창의적인 생각들로 넘쳐나고 어제는 먼 과거처럼 느껴지기도 합니다. 그렇다 하더라도 급한 마음에 남들이 안정되고 돈을 많이 벌 것 같다고 말하는 쪽이나, 지원자가 많은 분야로 진로를 정할 수는 없습니다. 그럴 때일수록 먼저 나를 알아야 합니다. 나에 대해 잘 알고 세상에 대응할 때 잘 적용해 보면 내가 갈 길이 조금씩 보입니다.

　이 책은 세상으로 나가기 전에 여러분의 직업과 진로를 탐색하는 데 도움을 주고자 기획했습니다. 여러 문학 작품을 읽고 진로와 관련된 생각들을 뽑아서 정리했습니다. 어떤 장은 제가 직접 이야기 형식으로 정리한 것도 있습니다. 그리고 여러분이 더 깊게 생각할 수 있도록 진로 활동을 첨부하였습니다. 작품의 줄거리를 읽고 질문에 대한 답을 정리하다 보면 진로에 대한 어지러웠던 생각들이 정리될 것입니다.

　조반니와 철이가 은하열차를 타고 여행하며 새로운 세상을 경험하고 큰 깨달음을 얻었듯이 이 책이 여러분의 미래로 안내하는 열차가 되기를 희망합니다. 세상을 향해 한 걸음씩 나아가고 있는 여러분의 앞날에 행복과 지혜가 가득하기를 기원합니다.

2018. 12.

저자 정형권

제 1 장

내 삶에 날개를

- 선택의 순간, 어떻게 해야 할지 몰라 고민한적 있나요?
- 삶이 변화하기를 간절하게 소망한 적이 있나요?
- 자기만의 길을 찾기 위해서 어떻게 해야 할까요?

1. 《꽃들에게 희망을》 다시 읽기

⋮

아주 옛날 작은 호랑 애벌레가 알을 깨고 세상에 나왔습니다. 호랑 애벌레는 밝은 햇빛을 맞으며 세상을 바라봤습니다. 문득 배가 고프다는 생각이 들자 나뭇잎을 갉아먹기 시작했습니다. 그렇게 여기 저기 옮겨 다니며 나뭇잎을 먹자 몸은 점점 자라났습니다.

그러던 어느 날, 호랑 애벌레는 이런 생각이 들었습니다.

"그저 먹고 자라기만 하는 건 따분해. 이런 생활과는 다른 무언가가 있을 거야, 분명히."

여기에 생각이 미치자 호랑 애벌레는 정든 나무에서 내려와 새로운 길을 나섰습니다. 길 위에서 만난 풍경들은 나무 위에서는 보지 못한 것들로 새롭게 호기심을 자극하기에 충분했습니다. 하지만 새로운 무언가를 찾기 위해 나선 호랑 애벌레를 만족시키기에는 충분하지 못했습니다.

며칠이 지난 어느 날, 호랑 애벌레는 자신과 비슷한 애벌레들을 만났습니다. 반가운 마음에 말을 걸어 보려했지만 그들은 먹는 일에만 정신이 팔려 있었습니다.

"저 애들은 예전의 내 모습과 비슷하군."

실망스런 마음에 한숨이 나왔습니다.

여행을 계속하다가 하루는 한 무리의 애벌레 떼를 만났습니다. 그들은 무

언가 바쁜 모습으로 어느 곳을 향해 가고 있었습니다. 그들이 가는 곳을 따라가 보니, 그곳에는 커다란 애벌레 기둥이 하늘 높이 솟아 있었습니다. 기둥의 끝은 얼마나 높은지 구름에 가려 보이지도 않았습니다. 수많은 애벌레들이 그 기둥을 올라가느라 정신이 없었습니다. 호랑 애벌레는 순간 마음이 흥분되고 호기심이 샘솟는 것을 느꼈습니다. 자신이 찾으려는 것이 그곳에 있을 거라 생각했습니다. 호랑 애벌레는 기둥에 오르는 애벌레들에게 기둥의 꼭대기에 뭐가 있는지 물었습니다. 그런데 그들도 자세한 건 모른다고 했습니다. 열심히 오르다 보면 뭔가 멋진 것이 기다리고 있지 않겠냐는 애매한 답을 했습니다.

점점 많은 애벌레들이 기둥을 오르기 시작했습니다. 정신없이 기둥을 오르는 애벌레들을 보면서 호랑 애벌레는 마음이 급해졌습니다.

'그래, 나도 저 기둥을 올라야겠어. 이게 내가 할 일이야.'

산더미 같은 애벌레 사이를 비집고 들어가니, 그곳은 호랑 애벌레가 한 번도 경험해보지 못한 세상이었습니다. 서로 밟고 밟히고 밀치고. 말 그대 로 전쟁터 같았습니다. 호랑 애벌레는 처음에는 당혹감을 느꼈지만 어느새 적응이 됐습니다. 이제 호랑 애벌레도 다른 애벌레들을 밟고 올라가기 시작 했습니다. 남을 딛고 올라설 때는 묘한 쾌감 같은 게 느껴지기도 했습니다. 이제 목표는 단 하나, 꼭대기로 올라가는 것입니다. 다른 애벌레들도 비슷 한 생각을 하는 것 같았습니다.

어느 날은 다른 애벌레들이 호랑 애벌레를 밟고 위로 올라갔습니다. 그럴 때면 불안감이 엄습해 왔습니다. 꼭대기에 뭐가 있는지도 모르는데, 어디로 가는지도 모르면서 이렇게 올라야 하는지 걱정이 되기도 했습니다. 그때 호 랑 애벌레 옆에 있던 노랑 애벌레도 같은 생각을 했습니다. 둘은 위로 올라 만 가려던 자신의 확신에 회의가 들기 시작했습니다.

그러다 호랑 애벌레가 노랑 애벌레를 밟고 올라서려는 순간 둘은 눈이 마 주쳤습니다. 노랑 애벌레가 슬픈 눈빛으로 호랑 애벌레를 바라보자 호랑 애 벌레는 노랑 애벌레에게 자신의 행동을 사과했습니다. 노랑 애벌레는 울면 서 말했습니다.

"너를 만나기 전에는 그래도 희망이 있었어. 하지만 이젠 이런 생활을 계 속할 마음이 없어졌어. 나는 다시 내려가 너와 함께 풀을 뜯어먹으며 살고 싶어."

그 말에 호랑 애벌레는 심장이 두근거렸고 새로운 삶을 살아야겠다는 생 각이 들었습니다. 둘은 꼭대기로 오르는 것이 그들의 간절한 소망이 아니라 는 것을 깨달았습니다.

그들은 서로를 껴안고 아래로 굴렀습니다. 둥글게 말았던 몸을 펴자 그들 은 애벌레 기둥 바깥에 있었습니다. 둘은 서로를 바라보며 웃었습니다.

"이렇게 함께 있다는 것은 저들처럼 다투며 올라가는 것과는 확실히 다르 구나."

행복한 마음이 차올랐습니다.

둘은 많은 시간을 함께 보냈습니다. 꼭대기에 오르기 위해 다투며 남을 짓밟을 때와는 확실히 달랐습니다. 이제 다툴 필요도 없고 서로를 위하고 아껴주었습니다. 정말 천국에 와 있는 기분이 들었습니다. 하지만 시간이 흐르자 함께하는 시간도 지겨워졌습니다. 호랑 애벌레는 또다시 이런 생각이 들었습니다.

"이게 삶의 전부는 아니겠지. 내가 모르는 무언가가 또 있을 거야."

그런 모습을 본 노랑 애벌레는 호랑 애벌레가 다른 생각을 못하도록 애를 썼습니다.

노랑 애벌레의 말을 들을 때마다 잠시 마음이 흔들리긴 했지만 호랑 애벌레는 저 기둥 끝에 무엇이 있을지 다시 궁금해졌습니다. 기둥 주변을 어슬렁거리던 어느 날, 애벌레 세 마리가 바닥으로 떨어졌습니다. 두 마리는 죽었지만 한 마리는 아직 살아있었습니다. 호랑 애벌레가 다가가자 그 애벌레는 있는 힘을 다해 몇 마디를 했습니다.

"저 꼭대기... 나중에 알게 될 거야. 나비들만이......"

애벌레는 미처 말을 다하지도 못하고 숨을 거두었습니다.

집으로 돌아온 호랑 애벌레는 그 애벌레가 남긴 말이 무슨 뜻인지 알고 싶어졌습니다. 한참을 고민한 끝에 꼭대기에 올라가봐야겠다고 마음먹었습니다. 그리고 노랑 애벌레에게 다시 함께 꼭대기에 올라가보자고 부탁했습니다.

노랑 애벌레는 호랑 애벌레를 사랑했기에 그를 도와주고 싶었습니다. 하지만 과연 꼭대기에 오르는 것이 정말 가치 있는 일인지 확신이 들지 않았습니다. 노랑 애벌레도 지금의 생활이 만족스러운 것은 아니었습니다. 더 높은 곳을 오르고 싶은 마음이 항상 자리하고 있었으니까요. 하지만 높은 곳을 오르는 유일한 방법이 애벌레 기둥을 오르는 일이라고 생각할 수는 없었습니다. 아직 모르는 길이 있을 수도 있으니까요. 그래서 노랑 애벌레는 호랑 애벌레의 제안을 거절했습니다. 호랑 애벌레는 혼자서 기둥을 오르기 위해 떠났습니다.

호랑 애벌레가 떠나자 노랑 애벌레는 쓸쓸해졌고, 슬픔이 파도처럼 밀려 왔습니다. 그래서 호랑 애벌레를 찾으러 기둥을 서성거리기도 했습니다. 문득 노랑 애벌레는 만약 호랑 애벌레를 만났더라면 자신이 그를 따라갔을지도 모른다는 생각이 들었습니다.

'내가 정말 원하는 게 뭘까? 나도 내 마음을 잘 모르겠어.'

노랑 애벌레는 한숨이 나왔습니다. 호랑 애벌레를 무작정 기다리느니 뭐라도 해야겠다는 생각이 들었습니다. 이런 저런 생각을 하며 여기저기 돌아다니던 어느 날, 늙은 애벌레가 나뭇가지에 거꾸로 매달려 있는 것을 보았습니다. 노랑 애벌레는 깜짝 놀라 털투성이 주머니에 갇힌 늙은 애벌레를 도와주려고 했습니다. 그러자 늙은 애벌레는 나비가 되기 위해서 이렇게 해야 한다며 도울 필요가 없다고 했습니다. 노랑 애벌레가 나비에 대해 궁금해 하자 늙은 애벌레는 "그건 미래의 네 모습일 수도 있지. 아름다운 날개로 날아다니면서 하늘과 땅을 연결시켜주고 꽃들에게 사랑의 씨앗을 날라다 준단다. 나비가 없으면 꽃들도 사라지게 되지."라고 말했습니다.

처음 듣는 얘기에 노랑 애벌레는 흥분이 되었지만 솜털투성이 애벌레의 몸속에 나비가 들어있다는 사실을 믿을 수가 없었어요. 그러다가 나비가 되는 방법에 대해 물었습니다.

"날기를 간절히 원해야 돼. 애벌레로 사는 삶을 기꺼이 포기할 정도로 간절하게."

나비가 될 수 있다는 말에 노랑 애벌레는 머뭇거리다 다시 물었습니다.

"나비가 되려면 어떻게 해야 하나요?"

"나는 지금 고치를 만들고 있는 중이란다. 고치를 만들어 이 속에 들어가 잠시 쉬게 될 거야. 이 단계를 잘 견디면 나비가 될 수 있지. 물론 밖에서 볼 때는 아무 일도 없는 것처럼 보일 테지만 시간과 함께 변화가 일어나게 되지. 그리고 일단 나비가 되면 진정한 사랑을 할 수 있게 된단다. 새로운 생명을 만드는 사랑 말이다. 애벌레들의 사랑과는 비교가 안 되지."

그 얘기를 듣자 노랑 애벌레는 자신도 나비가 되고 싶었어요. 하지만 나중에 호랑 애벌레가 돌아왔을 때 나비가 된 자신의 모습을 못 알아볼까봐 걱정이 되기도 했습니다. 이대로 호랑 애벌레와 영영 이별하게 된다고 생각하니 나비가 되기 위해 고치를 만드는 것이 정말 필요한 일인지, 진짜 나비가 되기는 하는 건지 확신이 서질 않았습니다.

노랑 애벌레가 걱정과 불안, 미래에 대한 불확신으로 하루하루를 보내는 동안 늙은 애벌레는 비단실로 몸을 계속 감았습니다. 마지막 남은 실로 머리를 감싸며 늙은 애벌레는 외쳤습니다.

"너는 아름다운 나비가 될 수 있어. 우리는 모두 너를 기다리고 있을 거야!"

그 말을 들은 노랑 애벌레는 나비가 되기 위해 모험에 나서기로 결심하고 늙은 애벌레의 고치 옆에 매달린 채, 실을 뽑아 고치를 만들기 시작했습니다.

호랑 애벌레는 전보다 빠른 속도로 기둥을 올라갔습니다. 한 번 경험했던 일이고 충분히 휴식도 취했기 때문에 거침없이 위로 나아갔습니다. 노랑 애벌레도 잊고 오직 꼭대기로 올라가는 것 하나만 생각하기로 했습니다. 의심하거나 불안한 마음이 들지 않도록 애썼습니다. 다시는 중간에 내려오는 실수를 범하지 말아야겠다고 다짐했습니다. 이번에는 다른 애벌레들의 사정을 봐주지 않고 인정사정 없이 나아갔습니다. 다른 애벌레들에게 미안한 마음도 허락하지 않았습니다.

호랑 애벌레는 무자비하게 앞만 보고 올랐습니다. 그렇게 열심히 오르자 드디어 꼭대기 가까이 이르렀습니다. 목적지에 다다르자 호랑 애벌레는 힘이 부쳤고, 다른 애벌레들도 힘들기는 마찬가지였습니다. 조금만 실수해도 밑으로 떨어지게 되고, 그렇게 되면 그동안의 노력은 수포로 돌아가게 됩니다. 그런 사실을 아는 까닭에 다들 조심하면서 조금씩 앞으로 자리를 옮겼습니다. 시간이 더디 흘렀습니다.

그러던 어느 날, 호랑 애벌레는 자기 위에 있는 애벌레가 하는 말을 들었습니다.

"저놈들을 없애버리지 않으면, 우리도 앞으로 가긴 어려워."

이 말이 끝나자 여기저기서 비명 소리가 들리며 수많은 애벌레들이 우수

수 떨어졌습니다. 호랑 애벌레는 지난 날 자기 옆에 세 마리의 애벌레가 떨어졌던 일이 떠올랐습니다. '그때 떨어져 죽은 애벌레들도 이렇게 떨어졌었구나.' 하는 생각에 심한 좌절감이 파도처럼 밀려왔습니다. 하지만 여기서 포기할 수는 없는 노릇이었습니다. 더 위로 올라가는 것 외에 다른 방법은 없다고 생각하던 찰나, 호랑 애벌레 귀에 작은 소리가 들렸습니다. 그것은 꼭대기에 있는 애벌레들이 자기들끼리 하는 말이었습니다.

"이곳에는 아무것도 없잖아!"

"조용히 해, 이 바보야! 밑에 있는 놈들이 다 듣겠어. 우리는 지금 쟤들이 오고 싶은 곳에 와 있는 거라구!"

그 말을 듣자 호랑 애벌레는 충격을 받았습니다.

'모두가 애쓰고 올라가는 목적지에 아무것도 없다니!'

밑에서 볼 때는 정말 위대해 보이던 곳에, 정말 아무것도 없다면 이것을 어떻게 설명해야 할지 혼란스럽기만 했습니다. 그런데 자기들끼리 속삭이는 소리가 들렸습니다.

"저기 봐. 저쪽에도 이런 기둥이 있어. 그리고 저기도… 사방이 온통 기둥이야!"

호랑 애벌레는 절망과 함께 분노를 느꼈습니다. 순간 호랑 애벌레는 노랑 애벌레와 함께 했던 시간이 생각났습니다.

'노랑 애벌레야. 넌 뭔가 알고 있었던 거지? 어쩌면 네가 옳았을지도 모르겠다. 아, 노랑 애벌레가 보고 싶구나. 아무래도 다시 내려가야겠어. 그렇게 하는 것이 무의미한 일에 목숨을 거는 것보다는 낫겠지.'

그런 생각을 하며 내려갈 길을 찾던 호랑 애벌레에게 눈부신 노랑 날개를 가진 생명체가 기둥 주위를 맴돌고 있는 것이 보였습니다. 정말 멋진 광경이었습니다. 그 모습을 보자 호랑 애벌레는 변하고 싶었습니다. 멋진 나비가 자신에게 보냈던 그 사랑의 눈길을 생각하면 지금 모습은 생각하기도 싫었습니다. 정말 간절한 마음으로 변하기를 원하고 또 원했습니다.

호랑 애벌레는 기둥을 내려가기 시작했습니다. 내려가는 동안 다른 애벌레들의 모습도 바라봤습니다. 다들 아름답고 다양한 모습이었습니다. 예전에는 왜 이런 것들을 보지 못하고 꼭대기만 향해서 달려갔는지 이상한 일이었습니다. 올라오는 애벌레들에게 꼭대기에는 아무것도 없다고 속삭였습니다. 하지만 아무도 그 말에 귀 기울이지 않았습니다. 예전의 자신처럼 다들 꼭대기를 향해 올라가느라 정신이 없었습니다. 어떤 애벌레는 그 말이 사실일지라도 우리가 할 수 있는 건 아무것도 없다며 계속 올라가기만 했습니다.

이 모습을 보고 호랑 애벌레는 새삼 깨달았습니다.

'높이 오르려는 본능을 꼭대기에 오르려는 것으로만 해결하려 했어. 오르려면 기어 올라갈 것이 아니라 날아야 해.'

그리고 모든 애벌레 속에 나비 한 마리씩 들어 있다는 사실을 생각하며 다른 애벌레들을 찬찬히 살펴보았습니다. 하지만 다른 애벌레들은 그런 말을 이해할 수가 없었습니다. 아무도 그가 하는 말에 동조하지 않았습니다. 그런 반응을 보고 있자니 다시 어깨가 축 처졌습니다. 쓸데없는 망상에 사로잡힌 게 아닌가 하는 생각이 들었습니다.

"하지만 나는 분명히 나비를 보았어. 삶에는 뭔가 보다 나은 것이 있을 거야."

그리고 어느 날, 드디어 호랑 애벌레는 땅으로 내려왔습니다.

호랑 애벌레는 노랑 애벌레와 거닐던 정든 곳을 찾아갔습니다. 하지만 노랑 애벌레는 거기에 없었습니다. 호랑 애벌레는 몸도 마음도 지쳤고, 더 움직일 힘도 없어 그대로 잠이 들었습니다. 문득 잠에서 깼을 때 호랑 애벌레 앞에서 노랑나비가 눈부신 날개로 부채질을 해주고 있었습니다. 순간 호랑 애벌레는 이게 꿈이라고 생각했습니다. 하지만 노랑나비는 호랑 애벌레를 어루만지고 사랑스런 눈으로 바라보면서 조금씩 멀리 날아갔다가 다가왔습니다. 꼭 호랑 애벌레에게 따라오라고 신호를 보내는 것 같았습니다. 노랑나비를 따라나선 호랑 애벌레는 이윽고 나뭇가지에 찢어진 자루 두 개가 매달린 것을 보았습니다. 노랑나비는 자루에다 머리와 꼬리를 차례로 집어넣는 시늉을 했습니다. 호랑 애벌레는 그 행동이 무엇을 의미하는 것인지 알 것 같았습니다. 호랑 애벌레는 나뭇가지를 기어 올라가 거꾸로 매달려 웅크리고 있었습니다. 멀리서 노랑나비가 기다리고 있었습니다.

2. 나의 길을 찾는 여정(旅程)

알에서 깨어난 호랑 애벌레는 처음에는 먹을 것을 찾아서 열심히 먹는 것에 열중했지만 어느 날 "그저 먹고 자라기만 하는 건 따분해. 이런 생활과는 다른 무언가가 있을 거야, 분명히."라는 생각을 하게 됩니다. 그리고는 뭔가 다른 삶을 찾기 위해 길을 나섭니다.

우리도 다람쥐 쳇바퀴 돌 듯 학교와 학원, 집을 오가면서 호랑 애벌레와 비슷한 생각을 하게 됩니다. '이렇게 사는 삶 말고 뭔가 의미 있는 생활이 없을까?' 하고 고민하게 되는 것이지요. 그렇게 우리는 '진로'에 대한 고민을 본격적으로 하게 됩니다.

호랑 애벌레와 노랑 애벌레는 '길'을 찾던 중 어디론가 바쁘게 이동하는 한 무리의 애벌레 떼를 따라가게 되고, 그들을 따라가 보니 수많은 애벌레들이 오르고 있는 높은 기둥을 발견했습니다. 다들 열심히 꼭대기로 오르기 위해 엄청난 노력을 하고 있었죠. 호랑 애벌레와 노랑 애벌레는 그것이 바로 자신들이 찾던 새로운 길이라 확신하고, 곧바로 자신들도 그 기둥 꼭대기로 오르게 됩니다.

하지만 그 기둥을 오르는 길은 한 치의 양보도 없는 치열한 다툼의 세상이었습니다. 남을 밟고 올라가야만 하는 상황에서 과연 이것이 옳은 길인지 회의를 품게 됩니다. 그래서 더 이상 오르는 것을 포기하고 기둥을 내려오게 되죠. 무언가를 성취하고 싶을 때 그것을 이루는 방법은 다른 사람과 경쟁해서 이기는 것 말고도 다른 방법이 있습니다.

•• 끊임없는 선택의 연속

우리는 '어디로 가야 하나?'라는 고민을 할 때가 많습니다. 결정을 내리지 못하고 고민을 하다가 결국엔 남들이 많이 가는 곳을 따라 가는 경우가 많습니다. 그렇지만 얼마 후 그런 선택과 결정에 문제가 있었다고 후회하는 경우가 종종 있습니다. 자신이 진정으로 원하는 것이 아니라면 무조건 따라가서는 안 됩니다. 진로를 결정할 때도 마찬가지입니다.

기둥에서 내려온 노랑 애벌레와 호랑 애벌레는 한동안 사랑을 나누며 즐거움을 만끽합니다. 함께하는 시간은 정말 행복했지만 그 행복도 오래가지는 못했습니다. 호랑 애벌레는 다시 "이게 삶의 전부는 아닐 거야. 무언가가 더 있는 게 분명해."라는 생각을 하며 오르지 못했던 기둥에 미련을 갖습니다. 노랑 애벌레의 만류에도 불구하고 기둥을 다시 오르기로 결심합니다.

노랑 애벌레도 더 높은 곳에 오르고 싶은 마음이 있었지만 기둥을 오르는 것 말고도 다른 방법이 있을 거라고 생각했습니다. 결국 둘은 서로 다른 길을 선택하게 됩니다.

인생은 끊임없는 선택의 연속입니다. 무엇인가 결단을 하고 어느 쪽이든 선택을 해야만 합니다. 그럴 때 호랑 애벌레든 노랑 애벌레든 자신의 주관에 따라 행동했듯이 우리도 자신과의 대화를 통해 최선의 선택을 해야 합니다.

•• **변화에 대한 간절함과 우연한 만남**

호랑 애벌레가 떠나고 쓸쓸한 시간을 보내던 노랑 애벌레에게 새로운 변화의 기회가 다가옵니다. 바로 나비가 되려고 나뭇가지에 매달려 준비하고 있는 늙은 애벌레를 만난 것입니다. 인생의 방향은 우연한 만남에 의해 바뀌는 경우가 있습니다. 새로운 길을 찾다보면 전혀 예상치 못한 사람이나 사건을 만나 완전한 변화를 경험하기도 합니다. 만약 노랑 애벌레가 자포자기하고 더 이상 다른 길을 찾으려 하지 않았다면 늙은 애벌레와의 만남을 그냥 지나쳤을 것입니다. 하지만 노랑 애벌레의 마음속에 변화에 대한 간절함이 있었기 때문에 늙은 애벌레를 만날 수 있었고 결국 나비로 탈바꿈 할 수 있었습니다.

그런데 늙은 애벌레는 노랑 애벌레에게 중요한 메시지를 전합니다. 그것은 바로 '애벌레의 몸속에 나비가 들어있다.'는 것입니다. 그런데 그 나비가 되기 위해서는 '애벌레로 사는 것을 기꺼이 포기하고 간절하게 날기를 원해야 한다.'고 말합니다.

우리는 지금보다 나은 미래를 원합니다. 더 밝고 빛나는 모습으로 바뀌길 바랍니다. 그렇다면 우리는 과거의 나와 결별하고 새로운 나를 맞이할 결단

을 하고 행동을 해야 합니다. 변화를 간절히 원하지 않고, 원하지 않는 현재의 모습을 계속 반복한다면 미래는 기대할 수 없습니다.

그런데 우리 내면에는 무엇이 들어있을까요? 나비처럼 더 크게 변화할 거대한 잠재력을 가진 나는 과연 누구일까요?

만약 노랑 애벌레가 나비가 될 간절한 마음을 품지 않았다면 결국 애벌레로 생을 마감했을 것입니다. 우리가 꿈과 목표를 갖지 않는다면 우리의 미래는 현재에서 한 발짝도 앞으로 나아갈 수 없습니다.

•• 자기만의 길 찾기

한편, 호랑 애벌레는 다시 기둥을 오르기 시작합니다. 이번에는 꼭대기에 오르겠다는 분명한 목표를 가지고 왔으므로 다른 애벌레의 사정은 봐주지 않았습니다. 오직 꼭대기를 향해 다른 애벌레들을 밟으며 무자비하게 올라갔습니다. 그런데 기둥을 다 올라갔을 무렵 꼭대기에는 아무것도 없다는 사실을 알게 됩니다. 더구나 이렇게 높은 곳을 오르는 애벌레 기둥이 다른 곳에도 엄청나게 많다는 사실에 충격을 받게 됩니다. 자신뿐만 아니라 거의 모든 애벌레들이 아무 의미도 없는 일에 목숨을 걸고 달려들었다는 것을 알게 된 거지요. 충격과 실망에 어쩔 수 없이 기둥을 내려오면서 다른 애벌레들에게 그 사실을 말했지만 다들 믿으려 하지 않았습니다.

주변 사람들이 무엇이 옳다거나 어떤 직업이 좋다고 하면 그것을 부정하기가 쉽지 않습니다. 그리고 그에 대한 옳고 그름을 판단하기도 어렵습니다. 우리가 진로를 결정할 때도 이를 경계해야 합니다. 많은 사람들이 선호하는 직업은 경쟁률이 높기 때문에 성공 확률이 그만큼 낮아집니다. 고생을 한 것에 비해 대가를 얻을 확률이 떨어지는 것입니다. 또 안정된 직업이나 유망 직업으로 발표되어 사람들 주목을 받는 직업은 자기가 분명한 소신이 없는 상태에서 지원하면 합격할 확률이 거의 없다고 봐야 합니다.

하지만 우리 주변에서는 이러한 쏠림 현상을 많이 보게 됩니다. 자기의 소질이나 흥미는 고려하지 않고 친구 따라 강남 가는 식으로 무작정 남들이 많이 가는 쪽으로 따라간다면 호랑 애벌레처럼 충격이나 실망을 경험하게 될 것입니다.

땅으로 내려온 호랑 애벌레는 사랑하는 노랑 애벌레를 찾아갔지만 만나지 못합니다. 그러나 노랑나비를 만나서 새로운 변화의 길을 발견하고 늙은 애벌레와 노랑 애벌레가 그랬듯이 새로운 탈바꿈의 시간을 준비합니다.

노랑 애벌레는 많은 사람들이 가는 길을 거부하고 자기만의 길을 찾아 나섰습니다. 더 높은 곳에 오르는 방법은 기둥을 오르는 것만 있는 것이 아니라는 걸 알고 다른 길을 찾아 나섰습니다. 호랑 애벌레가 오른 기둥처럼 경쟁률이 높은 분야를 흔히 레드오션(red ocean)이라고 합니다. 노랑 애벌레가 나비가 되는 길을 찾은 것처럼 남들이 잘 찾지 않고 경쟁률이 낮아 성공 가능성이 높은 분야를 블루오션(blue ocean)이라고 합니다. 블루 오션에는 많은 기회가 있고 경쟁률도 높지 않습니다. 세상에는 아직 사람들이 발견하지 못한 새로운 길이 많이 있습니다. 주변을 보면 끊임없이 새로운 직업이 생겨납니다. 따라서 우리도 남들이 가는 길만 생각할 것이 아니라 남들이 발견하지 못한 새로운 길을 찾아 나서야 하겠습니다.

《꽃들에게 희망을》은 삶의 변화를 이야기하고 있습니다. 알에서 애벌레로 애벌레에서 고치로 고치에서 나비로. 우리 인생도 아기에서 어린이로, 어린이에서 청소년으로, 그리고 청년 - 장년으로 계속 변화하며 성숙해 갑니다. 우리는 자신 안에 잠들어 있는 무궁한 잠재력을 흔들어 깨워 세상을 향해 날아가야 하겠습니다.

저 │ 자 │ 소 │ 개

『꽃들에게 희망을』저자 트리나 폴러스는?

『꽃들에게 희망을』은 1972년 처음 출간된 이후 지금까지 스페인, 독일, 네덜란드, 포르투갈, 일본 등 전 세계적으로 수백만 부가 팔리며 많은 사랑을 받고 있는 베스트셀러이다. 이 책의 작가 트리나 폴러스는 전 세계에 희망을 전파하는 일을 자신의 인생 목표로 삼고, 그 목표를 이루기 위한 최상의 방법이 책이라고 생각했다. 그리고 그 결실로 『꽃들에게 희망을』이 탄생했다.

저자 트리나 폴러스는 작가이자 조각가, 운동가이다. 국제여성운동단체인 '그레일(The Grail)' 회원으로, 공동 농장에서 10년 넘게 지내며 직접 우유를 짜고, 채소를 재배하기도 했다. 조각가로서의 재능을 살려 자신의 조각품을 판매했는데 그 수익금은 공동체에 돌아가게 했다. 트리나 폴러스는 특히 그레일에서 벌이는 국제적인 활동에 적극 참여하여 이집트의 아흐밈에서 여성 자수협동조합 설립을 돕는 것 외에도 프랑스, 포르투갈에서 일하기도 했다. 콜로라도의 산에서 영구 경작법을 배우기도 한 트리나 폴러스는 뉴저지 주에 살고 있는데, 이곳의 집은 현지에서 유기농법으로 재배한 식품의 무수성을 알리는 소규모 환경 센터이기도 하다.

3. 진로 생각 (1) 삶의 변화가 필요해!

호랑 애벌레와 노랑 애벌레는 변화의 필요성을 느끼고 다른 삶을 찾았습니다. 생활에 변화가 필요하다고 느끼시나요? 그리고 지금보다 더 보람 있고 의미 있는 생활이 되기 위해서 어떻게 해야 할까요?

생활에 변화가 필요하다고 느끼는 부분	지금보다 더 보람 있고 의미 있는 생활이 되기 위해서 어떻게 해야 할까요?
예 늦게 잠자리에 들어서 늦게 일어나고 오전에 맑은 정신을 갖지 못함. 예 미래에 대한 준비 부족과 경험 부족으로 불안감을 많이 느낌.	예 11시에는 잠자리에 들고 아침에 지금보다 15분 빨리 일어나 하루 계획을 세움. 예 다양한 독서로 간접 경험을 하고 내 관심 분야인 로봇 관련 자료를 찾아보거나 10월 전까지 전문가를 소개받아 만나봄.

4. 진로 생각 (2) 내가 생각하는 나의 진로

혹시 내가 생각하는 진로가 남들이 많이 지원하는 분야입니까? 그 분야를 진로로
생각한 이유는 무엇입니까?

내가 생각하는 나의 진로 (일, 직업, 분야 등)	예 세계적인 한식 요리사
그 분야에 대해 남들이 관심을 갖는 정도는?	예 요리사를 꿈꾸는 친구들이 주변에 많다. 그런데 한식은 양식, 중식 등에 비해서는 조금 적은 것 같다.
그 분야를 진로로 생각하는 이유	예 요리 프로그램을 보다가 흥미가 생겼음. 진로 활동 시간에 요리 학교에 가서 음식을 만들어봤는데 재미도 있고 잘 한다고 칭찬을 받아서. 집에서 엄마 음식 만드는 걸 도울 때 시간 가는 줄 모름.

5. 진로 생각 (3) 레드오션 vs 블루오션

진로 생각(2)에서 내가 생각한 나의 진로 분야는 레드오션입니까? 블루오션입니까?
만약 레드오션이라면 어떻게 접근했을 때 블루오션으로 만들 수 있을까요?
(블루오션이라도 금방 레드오션이 되기도 합니다. 레드오션이더라도 새로운 기회의
문이 있습니다. 즉, 레드오션에서도 블루오션을 만들 수 있습니다. 내 분야에서 기
회를 만들려면 무엇을 어떻게 하면 될까요?)

나의 진로 분야가 레드오션이 될 가능성은?	예 레드오션이 될 가능성이 크다
그렇게 예측하는 이유는?	예 TV에서 관련 프로그램 방영이 많고 관심을 갖는 사람이 늘어남. 한류 영향으로 한국 음식에 대한 외국인의 관심 증대. 실제 학생들에게 꿈을 물으면 요리사가 상위에 나옴.
나의 진로 분야에서 새로운 기회를 만들기 위해 나는 무엇을 해야 하는가?	예 나만의 한식 레시피 30개 이상 개발 ① ② ③ ④ ⑤

레드오션 vs 블루오션
- 레드오션[Red Ocean]: 경쟁이 치열해 성공을 낙관하기 힘든 시장을 의미한다. 출혈 경쟁을 비유하는 '레드(Red)'와 시장을 비유하는 '바다(Ocean)'를 절묘하게 결합한 합성어이다.
- 블루오션[Blue Ocean]: 현재 존재하지 않거나 알려져 있지 않아 경쟁자가 없는 유망한 시장을 가리킨다. 블루오션에서는 시장 수요가 경쟁이 아니라 창조에 의해 얻어지며, 여기엔 높은 수익과 빠른 성장을 가능하게 하는 기회가 존재한다. 따라서 블루오션은 아직 시도된 적이 없는 광범위하고 깊은 잠재력을 가진 시장을 비유하는 표현이다.

6. 진로 생각 (4) 내 안에 잠든 가능성에 대하여

노랑 애벌레는 자기 안에 나비가 될 가능성이 들어있다는 것을 알았습니다. 내 안에
잠든 가능성이나 잠재력을 경험해 본 일이 있나요? 생각하지도 못한 큰일을 해냈거
나 그전까지 경험해 보지 못한 새로운 나를 발견해 본 적이 있다면 써 보세요.
(나의 잠재력을 크게 발견했던 경험은 언제, 어떤 일이었나요?)

구분	나의 가능성과 잠재력을 경험했던 일은?	나에게 끼친 영향이나 반영된 모습은?
1	예 중학교 2학년 때 글쓰기 숙제를 하는데 재미있고 흥미를 느껴 밤을 새웠는데 하나도 힘들지 않았다.	예 글쓰기에 관심을 갖게 됐음. 소설가들의 작품을 많이 구해서 읽음. ○○작가의 작품을 좋아하게 됨.
2		
3		
4		
5		

7. 진로 생각 (5) 또 다른 '나'가 되어

애벌레가 나비가 되듯이 미래에 우리는 또 다른 '나'로 변화할 수 있습니다. 30년 후 '나'는 무슨 일을 하며 어떤 모습을 하고 있을까요?
(지금의 나는 미래의 모습과 분명히 다릅니다. 상상의 나래를 펴고 훗날 내가 세상에서 어떤 모습으로 나의 가치를 실현하고 있을지 맘껏 그려보세요.)

 글과 그림을 통해 30년 후 자신의 미래를 표현해 보세요.

진로와 詩

생 | 각 | 열 | 기

1. 중요한 선택의 길에 놓인 적이 있었나요? 그때 나는 어떤 선택을 했으며 그것은 나에게 어떤 영향을 끼쳤나요?

2. 진로를 선택할 때 훗날 후회하지 않기 위해서는 선택의 순간에 어떤 자세로 접근하고 어떻게 행동해야 할까요?

가지 않은 길

– 로버트 프로스트

단풍 든 숲 속에 길이 두 갈래로 났었습니다.
나는 두 길을 다 가지 못하는 것을 안타깝게 생각하면서,
한참을 서서 한 길이 굽어 꺾여 내려간 데까지,
바라다볼 수 있는 데까지 멀리 바라다보았습니다.

그러다가 똑같이 아름다운 다른 길을 택했습니다.
그 길은 풀이 무성하고 사람이 걸은 자취가 적어,
아마 더 걸어야 될 길이라고 생각했었지요.
그 길을 걷다보면, 그 길도 거의 같아질 것이지만.

그 날 아침 두 길에는
낙엽을 밟은 자취는 없었습니다.
아, 나는 훗날을 위하여 한 길은 남겨 두었습니다.
길은 다른 길에 이어져 끝없으므로
다시 돌아올 수 없을 거라 여기면서요.

오랜 세월이 지난 후 어디선가
나는 한숨지으며 이야기할 것입니다.
숲 속에 두 갈래 길이 있었고,
나는 사람들이 적게 간 길을 택하였다고,
그리고 그것 때문에 모든 것이 달라졌다고.

進 路

人 文 學

제 2 장

행복한 진로

- 내가 하는 일을 사랑하려면 어떻게 해야 할까요?
- 기회의 문을 여는 열쇠는 무엇일까요?
- 스스로 학습하는 법을 터득하려면 어떻게 해야 할까요?

1. 《행복한 청소부》 다시 읽기

독일에 거리 표지판을 닦는 청소부가 있었습니다. 7시에 집을 나서면 30분 후 청소국에 도착해 파란색 작업복으로 갈아입고 청소 도구를 챙긴 다음 자전거를 타고 청소국을 나섰습니다. 그는 몇 년 전부터 똑같은 거리의 표지판을 닦고 있었는데 바로 음악가와 작가들의 거리였어요. 괴테, 실러, 베토벤, 모차르트, 토마스 만… 언제나 정성을 다하니 그가 닦은 간판은 늘 새것 같았습니다. 동료들은 물론 상사도 그의 꼼꼼함을 칭찬했습니다. 어느 날 한 아이와 엄마의 대화를 듣기 전까지 그는 정말 자기 일에 만족한 청소부였습니다.

하루는 간판을 닦고 있는데 지나가던 아이가 엄마에게 물었습니다.

"엄마, 저 간판은 글자가 지워졌나 봐요. '글뤼크'라고 써야 하는데 '글루크'라고 되어 있어요."

독일어로 글뤼크는 '행복'이라는 뜻이지만 '글루크'라는 단어는 없었습니다.

"아니야. 글루크가 맞아. 글루크는 유명한 작곡가 이름이야. 그 이름을 따서 거리 이름을 붙인 거란다."

청소부는 자기가 몇 년째 닦아왔던 표지판이 무슨 뜻인지도 몰랐다는 사실에 소스라치게 놀랐습니다.

'그건 안 되지. 이대로는 안 돼.'

청소부는 표지판의 인물들에 대해 제대로 알아야겠다고 생각했어요. 퇴근하자마자 집으로 간 청소부는 우선 음악가부터 이름을 죽 썼습니다.

*글루크 – 모차르트 – 바흐 – 베토벤 – 쇼팽 – 하이든

그는 신문에서 음악가에 대한 글을 찾아 읽었습니다. 음악회 표를 사서 부지런히 공연장을 찾았습니다. 음악회에 가는 날에는 양복을 입고 구두로 갈아 신었습니다. 음악회를 다니면서 자신이 부족한 게 무엇인지 더 잘 알게 되었습니다. 레코드플레이어도 사서 열심히 들었습니다. 그는 밤새 거실에서 그들의 음악을 듣곤 했습니다. 그러자 차츰차츰 음악과 친해지고 음악가들과 이야기하는 것 같은 느낌이 들었습니다. 이제는 간판을 닦으며 흥얼거릴 수 있는 음악도 꽤 되었습니다. 심지어 오페라 곡까지 외워서 부를 수 있게 되었습니다.

음악가들에 대한 자신감이 생기자 이번에는 작가들의 이름을 적었습니다.

*괴테 – 그릴파이처 – 바흐만 – 부슈 – 브레히트 – 실러 – 슈토름

그리고 동네 도서관에 가서 작가들이 쓴 책을 빌려다 읽었습니다. 얼마 지나지 않아 그는 도서관을 자주 드나드는 이용객이 되었습니다. 처음에 책을 읽을 때는 이해되지 않는 것도 많았습니다. 그러면 무슨 말인지 이해될 때까지 반복해서 읽었습니다. 그러다 음악과 말이 매우 비슷하다는 것을 발견했습니다.

'아, 말은 글로 쓰인 음악이구나.'

청소부는 좀 더 일찍 책을 읽지 않은 것을 후회했습니다. 그는 음악가가 음을 대하듯, 작가가 글을 대하듯 표지판을 대했습니다.

작가들의 작품을 모두 알게 되었을 때, 그는 일을 하다가 마음에 드는 구절을 혼자 읊조리기도 했습니다. 어떤 때는 멜로디를 휘파람으로 불기도 하고 시를 외우기도 했습니다. 그리고 비평가들이 그들에 대해 쓴 책도 도서관에서 빌려다 보기 시작했어요. 그 책은 이전의 책들보다 훨씬 어려웠지만 읽다보니 작품에 대해 훨씬 더 잘 이해하게 되었습니다.

청소부는 시간이 흘러도 표지판을 깨끗이 닦고 소중히 다루며 일했습니다. 이제는 그들의 이름이 너무나 소중하게 다가왔습니다. 그래서 일하는 동안 자신에게 그들의 문학과 작품에 대해 강연을 했습니다. 어느 날 그렇게 흥얼거리고 읊으면서 간판을 닦고 있는데, 아래를 내려다보니 사람들이 자기가 하는 말을 열심히 듣고 있었습니다. 청소부가 놀라 다른 간판으로 옮겼더니 사람들은 그를 따라 우르르 자리를 옮겼습니다. 매일매일 더 많은 사람들이 그의 말을 듣기 위해 그를 따라 다녔습니다. 그 청소부는 곧 유명해졌습니다.

어느 날 TV 방송국에서 청소부를 취재해 간 후에는 한 대학에서 편지까지 보낼 정도로 더욱 유명해졌습니다. 대학에서 강연을 해 달라는 요청이었습니다. 청소부 아저씨는 정중하게 거절하는 편지를 썼습니다. 그리고는 행복한 청소부 생활을 계속했습니다.

2. 자신의 일을 사랑하는 사람

행복한 청소부는 자기가 하는 일을 사랑할 줄 아는 사람이었습니다. 어떤 직업을 가지고 어떤 직장에서 일을 하든 자기가 하는 일을 사랑하지 않는다면 그 일을 오래 지속하기는 힘듭니다.

어떤 부서에서 일을 하더라도 주어진 일을 좋아하고 그 일에 담긴 의미를 찾으려고 노력하면, 그 일을 통해 전문성을 쌓을 수 있습니다.

사람들은 자신이 하는 일이 전문직이 아니라거나 적성에 맞지 않다며 그 일에 최선을 다하지 않는 경우가 많이 있습니다. 이 경우 당사자는 그 일을 통해 자기를 개발할 기회를 잃게 되고 억지로 하는 일이라 성과도 좋지 않게 됩니다. 당연히 회사 입장에서는 그런 사람과 오래 일하고 싶지 않을 겁니다. 따라서 어떤 일을 하고 있다면 하는 동안은 그 일이 주어진 것에 감사하며 열심히 해 나가야 합니다.

청소부는 기본적으로 '성실함'이라는 장점을 가지고 있습니다. 그래서 자신이 맡은 일에 게으른 마음을 품지 않고 최선을 다할 수 있었습니다. 이 정도만 해도 괜찮은 직원이라고 할 수 있지만 청소부는 자신의 부족한 점을 알고 그것을 개발하려고 노력했습니다.

자기가 맡은 구역 표지판에 적힌 인물들을 잘 알고 일을 하는 것이 좋겠다고 여기고 그들에 대해 연구하기 시작한 것입니다. 사실 이것은 누가 시킨 것이 아닙니다. 아무도 시킨 사람이 없는데도 자발적으로 그 일을 시작한 걸로 봐서 이 사람은 다른 일을 하더라도 좋은 성과를 낼 수 있는 사람이라는 것을 알 수 있습니다.

보통 사람들은 시키는 일만 하려는 경향이 있습니다. 일을 한 대가가 주어지지 않는다면, 굳이 먼저 나서서 할 필요는 없다고 생각하는 것이지요. 그래서 시키지 않은 일은 굳이 할 필요가 없다고 생각하기도 하고, 어떤 사람은 시키는 일도 잘 못하기도 합니다. 시키는 일도 못하는 사람은 어느 회사를 가도 환영받기는 어려울 겁니다. 청소부는 자발적으로 자신이 하는 일을 더 잘하고 싶은 마음에 퇴근 후 도서관과 음악회를 다니며 공부했습니다.

자연스럽게 동료들과는 비교할 수 없는 전문성을 갖추게 되었습니다.

이렇게 전문성을 갖추자 시민들과 직장 내 사람들이 그를 주목하였고, 그의 노력을 칭찬하고 격려해 주었습니다. 만약 청소부가 자신의 일을 사랑하지 않았다면 그는 그렇게 성장하지 못했을 것입니다.

•• 기회의 문을 여는 열쇠, '자발성'

어느 직업을 갖든 큰 성취와 보람을 얻기 위해서 꼭 기억해야 할 것이 있습니다. 그것은 바로 '자발성'입니다. 누가 시키지 않아도 스스로 일을 만들어서 하는 것이지요. 다른 말로 창의성을 발휘하거나 문제를 발견해서 스스로 해결하는 것입니다. 행복한 청소부는 문제를 발견하고, 그 문제를 스스로 해결했습니다. 물론 다른 청소부들은 그것이 문제라고 인식하지 못했습니다. 다른 말로 얘기하면 이 청소부는 문제를 발견한 것입니다. 그냥 지나쳐도 크게 문제가 되는 것은 아니지만 일단 문제라고 인식하면 새로운 해결책과 더 발전된 생각이 나옵니다. 평소 일상생활에서 문제의식을 갖고 좀더 다른 각도에서 바라보려고 노력할 때 문제를 발견할 수 있습니다. 우리주변에는 많은 문제들이 널려 있습니다. 학습 문제부터 교실, 집안 방 정리, 동아리 운영, 친구 관계, 진로 문제 등등. 바로 이런 것들을 해결하려고 노력할 때 나의 문제 해결 능력이 향상됩니다.

그리고 이렇게 문제를 해결하게 되면, 그 경험은 지식과 콘텐츠가 될 수 있습니다. 콘텐츠는 그 사람만이 가진 지적(知的) 재산이므로 팔 수도 있습니다. 만약 청소국에서 행복한 청소부의 사례를 보고 다른 청소부들에게도 그에 맞는 교육을 시켜야겠다고 하면, 청소부가 만든 프로그램을 활용하여 교육을 하게 될 수도 있습니다. 그는 이미 독서, 공연 관람 등을 통해 표지판 인물들에 대해 공부를 해 봤기 때문에 다른 사람들에게 좀 더 효과적으로 교육을 진행할 수 있습니다. 또 청소부가 자신이 공부한 내용을 책으로 정리해서 출간할 수도 있습니다. 그러면 그 청소부는 청소부 일을 계속 하면서도 책과 관련된 인세를 받아 작가로서의 삶을 살 수도 있겠지요.

그런데 이 청소부가 표지판에 적힌 인물들을 공부하면서 얻은 것은 또 있습니다. 그것은 체계적으로 공부하는 방법을 훈련했다는 것입니다. 그는 자기가 정말 하고 싶은 공부를 하고 있었기 때문에 학교 다닐 때보다 더 열심히 공부했을 겁니다. 혼자서 공부하는 방법을 터득하는 것은 매우 큰 자산입니다. 이것은 돈을 주고도 사기 어려운 재능입니다. 이제 그 청소부가 가진 학습 능력은 탁월하게 향상되어 본인이 흥미를 느끼는 다른 분야를 공부할 때 훨씬 더 잘 배울 수 있게 됐습니다.

이렇듯 자기가 맡은 일에 최선을 다하다 보면 일에 대한 대가로 받는 보수(월급) 외에도 많은 것들을 얻을 수 있습니다. 당장 나에게 이익이 되지 않더라도 내가 하는 일을 사랑하고 최선을 다하다 보면 나의 실력을 키울 수도 있고 더 좋은 기회가 생기기도 합니다.

《행복한 청소부》는 우리가 일을 할 때 어떤 자세를 갖고 임해야 하는지 잘 보여주고 있습니다. 그리고 자기가 하는 일을 사랑하는 사람이 가장 행복할 수 있다는 사실을 알려주고 있습니다.

저 | 자 | 소 | 개

🔍 『행복한 청소부』의 저자 모니카 페트는?
저자 모니카 페트는 1951년 독일 하겐 시에서 태어나 문학을 전공했다. 모니카 페트는 현재 작은 시골 마을에 살면서 어린이와 청소년들을 위해 글을 쓰고 있다. 『행복한 청소부』, 『생각을 모으는 사람』, 『화가와 도시와 바다』 등 잔잔하면서도 많은 생각을 안겨주는 작품들로 하멜른 시 아동 문학상과 오일렌슈피겔 아동 문학상을 비롯해 독일의 여러 아동 및 청소년 문학상에 지명되었다.

3. 진로 생각 (1) 공부를 좋아하는 법

혹시 학교생활이 힘들지는 않나요? 공부가 힘에 부치거나 억지로 하고 있지는 않나요? 행복한 청소부처럼 내가 하는 공부를 좀 더 재미있게 하고, 좋아하려면 어떻게 해야 할까요?

공부를 재미있게 하는 방법, 좋아하는 방법
①
②
③
④
⑤

4. 진로 생각 (2) 학교를 다니면 얻는 것들

학교를 다니게 되면 어떤 장점이나 이점이 있나요? 학교를 다니면 내가 얻게 되는 도움이나 좋은점을 최대한 생각나는 대로 써 보세요.

	학교를 다니면 얻게 되는 도움 또는 좋은 점
1	
2	
3	
4	
5	

5. 진로 생각 (3) 문제를 발견하는 힘

행복한 청소부는 엄마와 아이가 얘기하는 소리를 듣고 자신의 문제를 발견하고 표지판 주인공에 대해 공부하기 시작했습니다. 내가 새롭게 발견한 나의 문제가 있다면 무엇인가요? 그 문제를 해결하기 위해, 그리고 좀 더 나은 내가 되기 위해 어떤 것을 실천하면 좋을까요?

	내가 새롭게 발견한 나의 문제	문제를 해결하기 위해 내가 실천할 것들
1	예 하루를 계획 없이 생활해서 빠뜨리는 일이 많음.	예 다음 날 무엇을 할지 전날 미리 생각해 메모해 둠.
2		
3		
4		
5		

6. 진로 생각 (4) 최고의 리더십 공부

자발적으로 일을 하는 것은 최고의 리더십 공부입니다. 자발성은 나에게 새로운 기회를 열어줍니다. 자발적으로 실천해 보고 싶은 일이나 공부가 있다면 무엇인가요?

	자발적으로 실천해 보고 싶은 일 또는 공부
1	📋 로봇 전문가 다섯 분에게 메일을 보내고 만남을 요청해 진로에 대한 조언을 듣는다.
2	
3	
4	
5	

7. 진로 생각 (5) 자기 일을 사랑하는 사람

자기 일을 사랑하고 즐겁게 보람을 찾으며, 그 일을 통해 자기 계발을 잘해나가는 사람을 아는 분이 있다면 소개해 주세요(역사적 인물이나 현재 아는 사람).

	자기 일을 사랑하는 사람	구체적인 사례
1	예 친구 영균	예 관심 분야인 곤충에 빠져 있음. 시간 날 때마다 곤충에 대한 책과 자료를 수집. 거의 박사 수준!!
2		
3		
4		
5		

진로와 詩

생 | 각 | 열 | 기

1. 우리는 두 번의 인생을 살 수는 없습니다. 모두 한 번 뿐인 인생을 살고 있습니다. 한 번 뿐인 인생이라 경험과 지혜가 부족하여 실수하고 넘어지기도 합니다. 이럴 때 어떻게 해야 깨달음이 쌓이고 지혜를 얻게 될까요?
2. 반복되는 생활 같지만 똑같은 날은 단 하루도 없습니다. 우리는 과거를 바꿀 수 없지만 미래는 바꿀 수 있습니다. 미래를 바꾸기 위해서 오늘을 어떻게 사용하는 것이 좋을까요?

두 번은 없다

- 비스와바 쉼보르스카

두 번은 없다
지금도 그렇고 앞으로도 그럴 것이다
그러므로 우리는
아무런 연습없이 태어나서
아무런 훈련없이 죽는다

우리가 '세상'이란 이름의 학교에서
가장 바보 같은 학생일지라도
여름에도 겨울에도 낙제란 없는 법

반복되는 하루는 단 한 번도 없다
두 번의 똑같은 밤은 없고,
두 번의 한결같은 입맞춤도 없고,
두 번의 동일한 눈빛도 없다

어제, 누군가 내 곁에서
네 이름을 큰 소리로 불렀을 때,
내게는 마치 열린 창문으로
한 송이 장미꽃이 떨어져 내리는 것 같았다

오늘, 우리가 이렇게 함께 있을 때,
난 벽을 향해 얼굴을 돌려버렸다
장미? 장미가 어떤 모양이었지?
꽃이었던가, 돌이었던가?

힘겨운 나날들,
무엇 때문에 너는 쓸데없는 불안으로 두려워하는가
너는 존재한다 – 그러므로 사라질 것이다
너는 사라진다 – 그러므로 아름답다

미소 짓고, 어깨동무하며
우리 함께 일치점을 찾아보자
비록 우리가 두 개의 투명한 물방울처럼
서로 다를지라도.

제 3 장

일을
한다는 것

- 일을 한다는 것은 어떤 의미가 있을까요?
- 재능이 있다고 반드시 성공하는 것은 아닙니다. 그렇다면 어떻게 해야 할까요?
- 언제, 어떻게 경제적으로 독립할 계획입니까?

1. 《변신(變身)》 다시 읽기

"어느 날 아침, 그레고르는 불안한 꿈자리에서 깨어났을 때 자신이 침대 속에서 한 마리의 흉측한 벌레로 변해 있는 것을 발견했다. 각질로 된 갑옷처럼 딱딱한 등을 밑으로 하고 위를 쳐다보며 누워 있던 그가 머리를 약간 쳐들자, 볼록하게 부풀어 오른 자신의 갈색 배가 보였다. 배 위에는 주름 몇 가닥이 져 있고, 그 부분은 움푹 패여 있었다. 그 배의 불룩한 부분에는 이불 끝자락이 가까스로 걸려 있었으며, 금방이라도 미끄러져 내릴 것만 같았다. 그런데 몸뚱이에 비해 비참할 정도로 가는 수많은 다리가 그의 눈앞에서 무기력하게 허우적거리고 있었다."

이처럼 카프카의 《변신》은 다소 충격적인 내용으로 시작합니다.

가족을 위해 출장 영업사원으로 고달픈 생활을 반복해 오던 그레고르는 어느 날 아침 불안한 꿈을 꾸다 잠에서 깨어났을 때, 침대 속에서 자신이 커다란 한 마리 벌레로 변해 있는 것을 발견했습니다. 그는 매일 새벽 네 시에 일어나서 다섯 시에 기차를 타러 가야 하는 고달픈 가장이었습니다. 천식을 앓는 어머니와 사업에 실패한 아버지, 17살도 안 된 여동생을 위하여 열심히 성실하게 일해 왔습니다.

문 밖에서는 부모와 여동생이 그의 출근을 재촉하는 소리가 들렸고, 한 시간도 채 못 되어 상점에서 지배인이 달려와 왜 출근을 하지 않았냐며 그가 수금한 돈을 빼돌리지 않을까 의심했습니다. 그 상황에서도 그레고르는 자신의 상황에 대한 탄식도 없이 기차 시간을 걱정했습니다. 하지만 벌레로 변한 주인공 그레고르는 그야말로 속수무책, 아무것도 설명할 수가 없었습니다. 그가 하는 말은 인간이 아닌 벌레가 하는 말로 바뀌었기에 예전과 같은 의사소통은 불가능해진 것이었습니다.

마침내 그가 흉측한 벌레로 변했다는 사실을 확인한 지배인과 집안 식구들은 모두 경악했습니다. 어머니는 마루 위에 털썩 주저앉았고, 아버지는 울기 시작했으며, 지배인은 질겁을 하며 도망갔습니다. 그레고르는 지배인을 바로 쫓아가려 했지만, 아버지는 지팡이로 그레고르를 후려갈기고, 방으로 몰아넣어 감금했습니다.

그 날 이후, 그레고르는 방에서 꼼짝도 않으며 단조롭고 무료한 생활을 하게 되었습니다. 여동생 그레테는 오빠의 모습을 혐오하지만 방에 음식을 넣어주고 방 청소를 해주었습니다. 그런데 그레고르의 음식에 대한 기호는 완전히 바뀌어 신선한 음식에 식욕을 느끼지 못하고, 썩어가는 야채나 치즈에 식욕을 느끼게 되었습니다. 그는 그 와중에도 가족들의 미래를 걱정했습니다. 그동안은 자신 덕분에 가족들이 문제없이 생활했지만 이제 자신이 일을 할 수 없게 된 상황에서 가족들은 더 이상 안락한 생활을 할 수 없게 될지도 모르기 때문이었습니다. 특히 그레고르는 바이올린을 좋아하는 여동생에게 각별한 애정을 가지고 있었고, 크리스마스 이브에는 음악 학교에 보내주겠다는 얘기를 하려고 했는데, 이런 끔찍한 일이 발생한 것이었습니다.

하지만 걱정과 달리 가족들은 저마다 일거리를 찾아 취직을 했습니다. 아버지는 은행 경비로, 어머니는 삯바느질로, 여동생은 상점 판매원으로 일을 했고, 그레테는 더 좋은 일자리를 구하기 위해 밤에는 속기와 불어도 배우러 다녔습니다. 가족들은 전보다 더 활기차졌습니다. 그러면서 가족들은 그레고르를 점점 차갑게 대하고 그의 존재를 부정하기 시작했습니다.

어느 날 그레테가 어머니와 상의해서 자신이 사용하던 집기류와 물건들을 없애려고 하자 자신이 인간이었을 때의 흔적이 사라진다는 것에 불안감을 느낀 그레고르가 자신이 만든 그림 액자에 애정을 보이며 벽에 붙어 있었습니다. 그 모습을 본 어머니는 놀라 기절했고 퇴근 후 돌아온 아버지는 그레고르가 난동을 부려서 그렇게 된 줄 알고 그에게 사과를 마구 던졌습니다. 그 바람에 그레고르의 등은 깊은 상처를 입고 오랫동안 고통을 겪게 되었습니다.

가족들은 경제적인 문제를 해결하기 위해 하숙인 세 명을 들였습니다. 그러면서 집안의 물건을 정리하자 그레고르 방은 집안의 갖은 고물과 애물단지를 저장하는 창고처럼 변해버렸습니다.

어느 날, 저녁 식사 후에 거실에 있던 하숙인 한 명이 그레테가 연주하는 바이올린 소리를 우연히 듣고 자기들 쪽으로 와서 연주해 달라고 요청했습니다. 그레테의 연주를 듣고 하숙인들은 금세 싫증을 느낀 데 반해, 그레고르는 연주에 감동해 방에서 기어 나와 버렸습니다. 그레고르의 모습을 본 하숙인들은 깜짝 놀라 당장 하숙을 해약할 것이고 지금까지의 하숙비도 지불할 수 없다고 선언했습니다. 실망하는 가족들 틈에서, 그레테는 벌레를 더 이상 오빠로 간주할 수 없다며 벌레를 없앨 모든 방법을 강구해야 한다고 부모를 설득했습니다. 아버지도 그녀의 말에 동의했습니다. 그 이야기를 들은 그레고르는 힘없이 자기 방으로 돌아와서는, 가족들의 애정을 회상하며 그 자리에서 죽음에 이르렀습니다.

다음날 가족들은 그의 시체를 집에 버려둔 채 기차를 타고 미래를 향한 여행을 떠났습니다.

저 | 자 | 소 | 개 |

🔍 변신(變身)의 작가 프란츠 카프카(Franz Kafka)는?

1883년 체코의 수도 프라하에서 태어나 독일어를 쓰는 유대인 사회에서 성장했다. 독일계 고등학교를 거쳐 프라하대학에서 법률을 공부했고, 졸업 후 법원에서 1년간 시보로 일했다. 프라하에 있는 보험공사로 직장을 옮겨 은퇴하기 전까지 단편 《어떤 싸움의 기록 》(1905), 《시골의 결혼 준비》(1906) 등을 썼다.

1912년 초 《실종자》(후에 《아메리카》로 改題, 1927년 간행)를 착수했고, 9월에 《심판》(1925년 간행), 연말에 《변신 Die Verwandlung》(1916년 간행)을 써서, 이 해는 중요한 결실기가 되었다. 1914년 《유형지에서 In der Strafkolonie》(1919년 간행)와 《실종자》를 완성했고, 1916년 단편집 《시골 의사 Ein Landarzt》(1924년 간행)를 탈고했다.

1917년 9월, 폐결핵이라는 진단을 받아 여러 곳으로 요양을 하며 전전했고, 그 동안에 장편소설 《성(城) Das Schloss》, 《배고픈 예술가 Hunger Künstler》를 비롯한 단편을 많이 썼다. 1924년 4월 빈 교외의 킬링 요양원에 들어가 6월 3일 그곳에서 죽었고, 1주일 후 프라하의 유대인 묘지에 안장되었다. 사르트르와 카뮈에 의해 실존주의 문학의 선구자로 높이 평가받는다

2. 《산월기(山月記)》 다시 읽기

당나라 현종 때 아는 게 많고 재능이 뛰어난 이징(李徵)이라는 인물이 있었습니다. 젊은 나이에 과거 급제하여 곧 '강남위(江南尉)'란 보직을 받았지만 천성이 남과 화합하지 못하는 데다 자기 자신에게 대단한 자긍심을 가지고 있던 터라 하급 관리로 썩어 지내는 것을 치사하게 여겼습니다. 그래서 관직을 그만두고 고향으로 돌아와 사람들과 교류를 끊고서 오로지 시(詩)를 쓰는 일에 매달렸습니다. 하급 관리가 되어 자기보다 못한 사람들에게 머리를 조아리고 있기보다는, 시인으로서 이름을 떨치고 싶었던 것입니다.

하지만 그 또한 쉬운 일이 아니었습니다. 생활은 날이 갈수록 궁핍해졌고 이징은 점차 초조해졌습니다. 이 무렵에는 용모도 험상궂어져, 살이 빠지고 뼈대만 남아 과거 진사시에 급제했을 무렵 탐스러운 미소년의 흔적은 이제 어디에서도 찾아볼 수 없었습니다.

수년 후, 이징은 더 이상 빈곤을 이기지 못하고 처자식을 먹여 살리기 위해 뜻을 굽혀, 다시 어느 지방의 관리로 일하게 되었습니다. 그런데 과거 동기들은 이미 고위직 관리가 되어 있었고, 예전에 그가 돌머리라고 상대도 하지 않았던 그들에게 지시를 받아야만 했습니다. 왕년의 준재 이징으로서는 참으로 자존심이 상하는 일이었습니다. 그들과 갈등이 생기고 마음속에서는 불만과 짜증, 성냄이 쌓여 점점 억누르기도 힘든 지경에 이르렀습니다.

1년 후, 공무로 출장을 나가 여수(汝水) 강변에서 숙박한 어느 날, 그는 드디어 폭발하여 발광하기 시작했습니다. 한밤중에 갑자기 낯빛이 변하여 침상에서 일어난 그는, 알아들을 수 없는 소리를 짖어대면서 그대로 아래로 뛰어 내려가더니, 어두운 산속으로 달려 들어갔습니다. 그리고 그는 다시는 돌아오지 않았습니다. 그 후 이징의 소식을 들은 사람은 그 누구도 없었습니다.

다음 해, 감찰어사인 원참(袁傪)이라는 자가 칙명을 받들어 영남(嶺南)에 파견되는 도중, 상어(商於) 땅에 묵게 되었습니다. 일찍 출발하려고 했으나, 역참 관리가 이곳에 호랑이가 나오기 때문에, 여행자는 대낮이 아니면 지나갈 수 없다고 했습니다. 하지만 원참은 수행원의 숫자가 많은 것을 믿고, 역참 관리의 말을 무시한 채 출발했습니다.

달빛을 의지하여 숲속 수풀을 헤치고 가는 도중에, 드디어 한 마리 맹호가 풀숲 한가운데서 뛰쳐나오더니 원참에게 달려들다가 갑자기 몸을 돌리고는 풀숲으로 다시 들어가 숨었습니다. 풀숲에서부터는 "까딱하면 큰일 날 뻔 했다."라고 중얼거리는 사람 목소리가 들렸습니다. 낯익은 목소리임을 알아 챈 원참은 풀숲 호랑이에게 물었습니다.

"그 목소리는, 나의 친구 이징 선생의 것이 아닌가?"

원참은 이징과 같은 해에 진사에 급제한 사람으로, 친구가 없던 이징을 온화하게 잘 돌봐주었습니다. 그러자 흐느껴 우는 듯한 소리로 나지막한 목소리가 대답했습니다.

"분명히 나는 농서(隴西)의 이징이네."

원참은 말에서 내려 수풀 쪽으로 다가가 오랜만이라고 말했습니다. 그리고 수풀 밖으로 나오라고 했습니다. 이징은 자신은 이미 인간이 아닌 호랑이가 되어버렸다며, 친구 앞에서 자신의 비참한 모습을 보이고 싶지 않다고 했습니다. 그러면서 잠깐만이라도 좋으니 과거 친구였던 '이징'과 얘기를 나누길 부탁했습니다. 그렇게 두 사람은 밀린 이야기를 계속했습니다.

"지금으로부터 1년 정도 전에, 내가 여행을 떠나 여수 강변에서 묵던 밤 중이었네. 한숨 자고 문득 눈을 떴는데, 집 밖에서 누군가가 내 이름을 부르고 있었네. 목소리를 따라서 밖으로 나가보니, 그 목소리는 어둠 속에서 자꾸만 내 이름을 부르더라고. 무언가에 홀린 듯 나는 목소리를 쫓아 달려갔네. 아무 생각 없이 달려가는 사이에 어느덧 길은 산속으로 이어졌고, 나는 어느새 왼손과 오른손으로 땅을 짚고서 달리고 있었네. 왠지 온 몸에 힘이 솟아오르는 기분을 느끼며, 경쾌하게 바위들을 박차 오르다가 정신이 들었을 땐 손과 팔꿈치 근처에 털이 숭숭 나고 있었네. 날이 좀 밝아져서 계곡으로 걸어가 모습을 비추어 보니 이미 호랑이가 되어 있었어."

이징은 담담하게 자신의 과거를 털어놓았습니다.

"처음엔 이건 다 꿈이라고 생각했었지. 그리고 그게 꿈이 아니라는 걸 깨달았을 때, 나는 어찌해야 될지 몰랐고, 그리고 무서웠네. 나는 이윽고 죽음을 생각했네. 그런데 그때, 눈앞에 토끼 한 마리가 뛰어가는 모습을 본 순간, 내 마음 속 〈인간〉은 순식간에 모습을 감춰버리더군. 다시 내 마음 속 〈인간〉이 눈을 떴을 때는, 내 입은 토끼의 피로 젖어 있었고 입가에는 토끼 털이 덕지덕지 묻어 있었다네. 이것이 〈호랑이〉로서의 내 첫 경험이었네."

이징은 〈인간〉의 마음과 〈호랑이〉의 마음을 오가는 것이 고통스럽지만 점점 〈인간〉의 의식을 갖는 시간은 줄어들고 있어, 머지않아 〈인간〉이었던 기억은 완전히 사라지고 말 거라고 흐느꼈습니다.

그러고는 인간의 기억이 완전히 사라지기 전에 한 가지 부탁을 했습니다. 지금까지 기록하고 읊을 수 있는 시가 십수 편 정도 있는데, 그것들을 기록해 주었으면 좋겠다고 했습니다. 원참은 부하에게, 붓을 잡고 수풀 속의 목소리가 읊조리는 것들을 받아쓰게 했습니다. 시를 다 읊고 나서 이징의 목소리는, 갑자기 어조를 바꾸어 스스로를 조롱하듯 말했습니다.

"부끄럽지만 지금도, 이렇게 비참한 몰골이 되어 버린 지금도 나는, 내 시집이 장안 풍류인들의 책상 위에 올려진 모습을 꿈꾸곤 한다네. 암굴 속에서 누워 자면서 꿈을 꾸었다네. 마음껏 비웃어 주게. 시인이 되지 못하고 호랑이가 되어버린 불쌍한 남자를."

그러면서 그때의 마음을 즉석에서 시로 남겨 보겠다고 했습니다.

이에 원참은 다시 관리에게 이를 받아 적게 했습니다.

어쩌다가 광기에 휩싸여 짐승이 되었다네.
재앙과 우환이 겹쳐 벗어날 길이 없네.

지금 나의 발톱과 이빨에 누가 감히 대적하리.
돌이켜 보면 그대와 나 명성도 높았지.

그러나 나는 한 마리 짐승이 되어 숲속에 있건만
그대는 수레 위에 높이 앉은 고관이로다.

오늘밤 골짜기의 밝은 달 바라보며
소리 높여 시를 읊어도 짐승의 울음뿐이라네.

시를 읊고 나서 이징은 자기가 호랑이로 변한 이유에 대해 생각했던 것을
말합니다.

"나는 시를 써서 명성을 높이겠다고 하면서도, 나서서 스승에게서 배운다
든가, 친구를 찾아서 그들과 절차탁마(切磋琢磨: 칼로 다듬고 줄로 쓸며 망치로 쪼고 숫
돌로 간다는 뜻으로, 학문을 닦고 덕행을 수양하는 것)하려고 하지는 않았지. 그렇다고 속
인들과 어울려 지내는 건 계속 꺼렸었네. 이 모든 것은 내 겁 많은 자존심과
존대한 수치심 때문이라고 할 수 있을 걸세. 내가 크게 되지 못할 것을 두려
워했기에 애써 닦으려고도 하지 않았고, 내가 크게 될 거라고 절반쯤은 믿
고 있었기에 평범한 인간들과 어울릴 수도 없었네. 나는 차츰 세상을 등지
고, 사람과 벽을 치고, 울분과 고민과 부끄러움과 분노로 계속해서 내 안의
겁 많은 자존심을 살찌웠네. 모든 인간이 맹수 조련사라면 그 〈맹수〉에 해
당하는 건 〈인간〉의 마음이지. 내 경우에는 이 존대한 수치심이 〈맹수〉였
고, 〈호랑이〉였네. 이것이 내 자신을 해치고 처자를 괴롭히고 친구를 상처
입혔으며, 결국 겉모습까지 이렇게 내 내면에 걸맞게 바꿔놓은 거지.

지금 생각해 보면 나는, 내가 가진 쥐꼬리만 한 재능까지 헛되이 써버린
셈이야. 인생이란 아무 것도 하지 않고 보내기에는 긴 시간이지만, 무언가

를 이루기에는 너무나도 짧은 시간이라며 입으로는 경구(警句)를 읊조리면서도 부족한 나의 재능이 폭로 당하지나 않을까 하는 비겁한 의구심과, 고심(苦心)을 꺼리는 게으름이 나의 모든 것이었던 게지. 나보다, 훨씬 모자라는 재능을 갖고 있으면서도 그것을 끊임없이 갈고 닦은 끝에 당당한 시인이 된 사람들은 수없이 많네. 호랑이가 되고 나서야 이러한 사실을 깨달았는데, 생각하면 할수록 가슴이 타는 듯한 회한을 느낀다네. 나는 이미 인간으로서 살아갈 수 없어. 아무리 내 머릿속에 뛰어난 시가 만들어진다고 하더라도 어떤 수단으로 발표하겠나?"

이징은 마지막으로 원참에게 가족이 추위와 굶주림에 떨지 않도록 보살펴 달라고 부탁했습니다. 수풀 속에서는 이징의 통곡소리가 들렸습니다.

저 | 자 | 소 | 개

《산월기(山月記)》의 저자 나카지마 아츠시는?

1930년 도쿄제국대학 문학부 국문과에 입학, 1933년 대학 졸업 후 요코하마 고등여학교 교사가 되었다. 1934년부터 천식으로 몸 상태가 좋지 않았고, 1941년 팔라우 남양청으로 전직했다.

1942년 일본에 귀국하여 《빛과 바람과 꿈(光と風と夢)》, 《산월기(山月記)》, 《남도담(南島譚)》 등을 발표했다. 그러나 천식과 폐렴이 심해져서 남양청을 퇴직했다. 이후 《이릉(李陵)》, 《제자(弟子)》를 저술하던 중에 12월 천식으로 사망했다.

《산월기(山月記)》는 가장 유명한 작품으로 60년이 넘도록 일본 교과서에 수록된 걸작이다. 교만함과 타성에 젖어 스스로를 짐승으로 전락시키는 주인공의 극적인 파멸 이야기를 통해 독자들에게 유한한 인생을 어떻게 사용해야 할지에 대해서 강렬하게 전달하고 있기 때문이다. 당나라 이경량의 〈인호전〉을 토대로 삼았다.

3. 일의 의미와 경제적 독립

《변신》에서 주인공 그레고르는 잠에서 깨자 갑충으로 변한 자신을 발견했습니다. 하지만 그것이 꿈이라 생각하고 출근 걱정을 했습니다. 그렇다면 그레고르는 어쩌다가 갑충으로 변하게 된 것일까요?

그것은 그레고르가 한 말을 보면 짐작할 수 있습니다.

"아아, 세상에! 나는 어쩌다 이런 고달픈 직업을 택했단 말인가. 허구한 날 여행만 다녀야 하다니. 회사에 앉아 실제 업무를 보는 일보다 스트레스가 훨씬 더 심하군. 게다가 여행할 때 이런저런 피곤한 일들이 마음을 더 무겁게 하는군. 기차를 제대로 갈아타기 위해 늘 신경 써야 하는 일, 불규칙하고 형편없는 식사, 상대가 늘 바뀌어 결코 오래갈 수 없는 만남과 결코 진실하게 이루어질 수 없는 인간적 교류 등등. 악마여, 제발 좀 이 모든 것들을 다 가져가다오."

그레고르의 말을 보면 그가 매우 일에 지쳐 있었으며, 아무런 보람도 얻지 못하고 있었다는 것을 알 수 있습니다. 그는 단순히 돈을 벌어 와서 가족을 부양하는 것이 자기 일의 전부였으며, 그것에 만족하며 살고 있었습니다. 가족 간의 관계라든가 소통에는 무관심했습니다.

그레고르는 가정과 직장에서 모두 행복감을 느끼지 못하고 있었습니다. 자기가 하는 일에서 아무런 보람을 얻지 못하니 '언제나 이 노릇을 벗어날 수 있을까.' 하면서 어떻게든 일에서 벗어나길 바랐습니다. 많이 돌아다니다 보니 여행하는 기분이 들어서 좋다고 생각할 수도 있고, 모르는 사람을 자주 접하니 사람에 대해 많이 배우고 사교성이 좋아질 수도 있다고 생각할 수도 있지만 그런 생각이 들지 않았습니다. 가족들은 자기가 없으면 아무 것도 할 수 없는 사람들이라고 여겼습니다. 그들을 부양하기 위해서는 더 많이 일을 하는 수밖에 없다고 생각했고 그는 서서히 지쳐갔습니다. 그는 일을 통해 어떠한 즐거움이나 보람도 찾을 수 없었습니다. 그리고 바라던 대로 갑충으로 변함으로써 일에서 해방되었습니다.

•• '일을 한다는 것'의 의미

여기서 우리는 한 가지 생각해 볼 것이 있습니다. '일을 한다는 것'은 어떤 의미가 있을까요? 일은 정말 힘들고 고생만 하는 괴로운 것일까요? 일을 하지 않고 생활할 수는 없을까요?

물론 부유한 집안에서 태어났다면 일을 하지 않아도 경제적으로 어려움을 겪지 않고 살 것입니다. 하지만 그렇다 하더라도 누구나 일은 해야만 합니다. 인간은 일을 통해 살아가는 힘을 얻고 사는 이유를 만들어 가기 때문입니다. 또 모든 생물이 그러하듯 자기 힘으로 자기 먹거리는 해결해야 합니다. 일을 하면서 중간에 놀거나 쉬는 건 괜찮지만 일도 안하면서 계속 놀기만 하면 금방 싫증이 나고 무기력해지거나 오히려 몸이 아프기도 합니다.

그 사람이 누구인지를 알려면 그 사람이 하는 일이 무엇인지 보면 됩니다. 사람은 일생의 대부분 일을 하면서 보냅니다. 따라서 일은 그 사람의 다른 모습이며, 그 사람의 정체성과 밀접한 관련이 있습니다.

만약 아침에 일어났을 때 그날 할 일이 없다면 어떤 기분일까요? 날마다 출근하지 않아도 되고, 아무것도 하지 않아도 된다고 하면 정말 기분이 좋을까요? 처음 며칠은 좋을 수도 있습니다. 하지만 계속 그렇게 되면 무료해져서 일을 하게 해 달라고 여기저기 부탁하게 될 것입니다. 따라서 직업이 있다는 것은 내가 할 일이 있다는 것이고, 내가 의미 있는 존재가 될 수 있다는 이야기입니다.

만약 그레고르가 갑충이 되기 전에 해고가 되었다면 그는 자기 일에 대하여 그렇게 저주를 퍼붓지는 않았을 것입니다. 그런 일이나마 할 수 있다는 것에 감사했을 것입니다. 내 밥벌이를 내 힘으로 한다는 것은 매우 자랑스러운 일입니다. 그것이 비록 다른 사람이 보기에 괜찮다고 평가하는 일이 아닐지라도 남에게 의지해서 무위도식하면서 경제 문제를 해결하는 것보다는 훨씬 떳떳하고 자랑스럽습니다.

우리는 언젠가는 독립하여 스스로의 힘으로 살아가야 합니다. 더 이상 다른 사람에게 의지하지 않고 혼자 힘으로 살아가려면 반드시 일을 해야 합니다. 어떤 일을 하게 되든 놀면서 무료한 일상을 보내는 것보다는 낫습니다.

•• 일과 생활의 균형을 위해

그레고르가 갑충으로 변하자 이제까지 아무 일도 하지 않던 가족들이 일을 찾아서 돈을 벌기 시작했습니다. 그레고르가 더 이상 돈을 벌 수 없는 상황에 이르자 걱정과 달리 가족들은 자기에게 맞는 일을 찾고 하숙방을 빌려 주는 등 생계 문제를 해결하기 위해 여러 가지 방법을 생각해 냈습니다.

이를 보면 그레고르는 그렇게 모든 것을 바쳐서 일하지 않아도 괜찮았던 것입니다. 자기 아니면 가족의 생계를 해결할 사람이 없을 거라고 단정 지을 필요도 없었습니다. 가족끼리 조금씩 나눠서 일을 했더라면 그런 불행한 일은 생기지 않았을 것입니다. 가족들도 그레고르에게 모든 생계를 책임 지워서는 안 됐습니다. 그레고르가 갑충으로 변하지 않았더라도 그 상태가 지속됐다면 병에 걸리거나 다른 문제가 생겼을 것이 뻔합니다. 한 사람에게 가족의 생계를 맡기는 것은 여러 가지 면에서 불행의 씨앗을 키우고 있다고 할 수 있습니다. 돈을 많이 벌지 못하더라도 여러 사람이 경제 활동을 하게 되면 한 사람이 아프거나 실직을 하더라도 가족 경제에 큰 영향을 미치지는 않습니다.

우리 주변에는 수많은 그레고르가 있습니다. 인간다운 삶을 누리는 데 반드시 일은 필요합니다. 일을 할 때 그것이 갖는 장점과 의미를 찾기 위해 노력한다면 힘든 일상에서도 보람을 찾을 수 있을 것입니다.

또한 일은 우리에게 꼭 필요한 것이지만 감당할 수 없는 노동의 양을 짊어지게 되면 문제가 될 수 있습니다. 일과 휴식은 어느 한쪽으로 치우치면 문제가 생기게 마련입니다. 우리는 일을 기쁘게 맞이하고, 생활과 균형을 유지해야 합니다.

4. 타고난 재능과 노력의 조화

뛰어난 시인이 되고자 했으나 호랑이로 변해버린 이징의 이야기는 자신의 재능을 갈고 닦지 못해 기회를 놓친 안타까운 사연입니다. 이징은 분명히 큰 시인이 될 수 있는 조건을 가지고 있었습니다. 큰 시인을 목표로 꾸준히 노력했더라면 자신보다 재능이 부족한 사람들에 비해서는 쉽게 목표에 도달할 수 있었을 것입니다.

하지만 이징은 자기에 대한 확신이 부족했습니다. 과연 '내가 큰 시인이 될 수 있을까?' 의심하기도 하고, '쓸데없는 일을 하고 있지는 않나.' 하는 의구심을 가지기도 했습니다. 또 다른 사람들과 끊임없이 비교하면서 그들을 비하하기도 하고 불필요한 자존심을 내세웠습니다. 과거에 급제해서 공직으로 나갈 수도 있었지만 다른 사람들을 내려다보며 그들과 섞이기를 거부했습니다. 결과적으로 뛰어난 관리도, 훌륭한 시인도 되지 못했습니다. 만약 우리가 이징과 같은 입장이라면 어떻게 해야 할까요?

•• 선택과 집중

이징이 가족과 자신의 생계를 생각했다면 낮은 직급의 관리라도 성실하게 수행하는 것이 좋았을 것입니다. 자기가 맡은 일을 더 성실하게 수행하고 남는 시간에 본인의 뜻을 펼칠 시를 써 나가는 것도 하나의 방법이 될 수 있었습니다. 만약에 공직 생활이 영 자신에게 맞지 않고 시인이 되는 것이 더 낫다고 판단했다면 과감하게 공직을 그만두고 목표를 세워 시를 쓰는 쪽으로 길을 정해 거기에만 온 정성을 쏟는 것도 좋은 선택이 될 수 있었습니다. 하지만 이징은 이쪽도 저쪽도 몰입하지 못했습니다. 시인과 공직에 대한 두 마음이 왔다갔다하면서 마음을 정하지 못하고 힘들어했습니다. 선택과 집중을 잘하지 못했던 것입니다.

그런데 이징은 애초부터 잘못 생각한 것이 있었습니다. 바로 자신은 위대하고 다른 사람은 그렇지 못하다는 생각입니다. 사람은 각자 가진 재능이 다릅니다. 어떤 사람은 말을 잘하기도 하고 어떤 사람은 기계를 잘 만지기도 합니다. 누구는 축구를 잘하기도 하고, 누구는 음악을 잘하기도 합니다. 각자 타고난 능력의 분야가 다릅니다. 따라서 그런 기준으로 봤을 때 똑같은 잣대로 사람을 비교하는 것은 애당초 불가능한 것입니다. 그런 이치인데도 이징은 자기만의 잣대로 사람을 판단하고 스스로 존귀한 존재라고 자부했습니다. 이징이 비웃었던 과거 급제 동기들은 나중에 높은 관직에 이르렀습니다. 그들 중 옳지 못한 방법으로 진급한 사람이 있을 수도 있지만 대부분 그 일을 잘 수행했기 때문에 시간과 더불어 더 큰 역할을 수행할 수 있게 된 것입니다. 그런데 그들을 소인배로 바라보고 업신여기며 그들보다 못한 관직을 수행해야 하는 자신을 수치스럽게 여겼습니다. 그리고 더 유명해지고 더 큰 업적을 남기기 위해 시를 써야겠다는 욕심을 더 내게 됩니다.

그러다보니 자연히 다른 사람들과 화합을 하지 못했습니다. 무슨 일을 하든 혼자서 할 수 있는 일은 많지 않습니다. 다른 사람의 도움을 받아서 해결해야 하는 경우가 많습니다. 사람은 사람 속에서 살아야 배움이 늘어나고 자기 계발이 됩니다. 이징이 이런 이치를 먼저 깨달았다면 다른 선택을 할 수 있었을 것입니다. 공직 생활을 하면서 사람과 부대끼며 얻은 깨달음이 시를 쓰는 데 좋은 거름이 될 수도 있었습니다. 유명해지기 위해서 시를 쓸 것이 아니라 사람의 마음에 평안과 감동, 삶의 이치와 의미를 잘 전달하기 위해 시를 쓴다고 생각했다면 사람과 섞이는 것을 거부할 것이 아니라 사람들 사이로 풍덩 빠져 들었어야 했습니다. 높고 고귀해지기를 바라지 않고 낮은 곳으로 임해 아프고 소외된 사람들과도 마음을 열고 하나 되려고 노력했다면 시는 커다란 울림을 주었을 것입니다.

•• 재능을 키우는 것은

또 한 가지 이징에게 가장 뼈아픈 실수가 있습니다. 그가 친구에게 밝혔듯이 자신의 재능을 갈고 닦는 노력을 게을리한 것입니다. 그는 시를 짓는데는 다른 사람보다 더 나은 재능을 갖고 있었습니다. 다른 사람보다 더 뛰어난 재능을 가진 경우 다른 사람과 똑같은 노력을 하더라도 더 나은 성과를 만들 수 있습니다. 따라서 이징이 적절한 목표와 계획을 가지고 자신을 연마했다면 좋은 시를 많이 남길 수 있었을 것입니다. 하지만 스스로 위대하다고 착각에 빠진 이징은 훌륭한 스승을 찾으려고 하지 않았고 각고의 노력도 기울이지 않았습니다. 교만은 자신을 망치는 커다란 지름길입니다.

재능을 발견하는 것은 진로를 정하는 데 큰 힘이 되지만 그것만으로 충분하지는 않습니다. 어떤 분야든 성취를 위해서는 재능보다 그것을 연마하는 노력이 더 큰 영향을 미칩니다. 부족한 재능을 노력으로 보충해서 커다란 성과를 거둔 예는 수없이 많이 있습니다. 자신이 타고난 재능이 있다면 하늘이 나에게 특별한 재주를 주신 것을 감사하게 여기며, 그에 걸맞은 노력을 병행해야 합니다. 어떻게 보면 노력이나 끈기도 하나의 재능이라고 할 수 있습니다.

천재는 1%의 영감과 99%의 노력으로 이루어진다고 하는데, 이징이 호랑이로 변하기 전에 이 말뜻을 깨달았다면 그의 운명도 달라졌을 것입니다.

그레고르와 이징, 모두 자기 마음을 잘 다스리지 못해 결국 다른 동물로 변하고 말았습니다. 자기 마음속에 조금씩 움트는 욕심과 미움, 분노를 다스리지 못하고 그 생각에 동조하다가 결국엔 자기 마음을 모두 잠식당하고 말았습니다. 그리하여 내면의 모습이 외부로 극대화되어 그에 걸맞은 짐승으로 변하게 된 것입니다.

결국 우리 모습은 우리가 예전에 생각했던 것들의 합이라고 할 수 있습니다. 따라서 우리는 날마다 자신의 생각을 관찰하고 관리해야 합니다. 자신의 마음을 잘 경영하는 것이 최고의 공부이자 훌륭한 미래 준비가 될 수 있습니다.

5. 진로 생각 (1) 감사한 것

그레고르의 비극은 현실에 대한 매우 비관적인 생각에서 비롯되었습니다. 그가 다른 관점에서 문제를 해결하려고 했더라면 가족과 함께 하면서 새 길을 찾을 수 있었을 것입니다. 지금 나에게 주어진 환경 중에서 감사할 만한 일은 무엇이 있나요?

주어진 환경 중에서 감사할 만한 일
①
②
③
④
⑤

6. 진로 생각 (2) 홀로 선다는 것

직업을 가지고 일을 해서 경제 문제는 스스로 해결해 나가야 합니다. 누구에게도 의지하지 않고 자신의 힘으로 살아갈 수 있어야 독립적인 존재라 할 수 있습니다. 언제, 어떻게 부모님으로부터 경제적으로 독립할 계획인지 써 보세요.

경제적으로 독립할 시기와 시기를 정한 이유	예 27살, 군대 다녀온 뒤 대학을 졸업하고 곧바로 취업할 계획이다. 부모님이 은퇴하실 연세이므로 그전부터 준비를 잘해서 내 힘으로 살아가고 싶다.
경제적 독립 계획 (구체적으로)	예 지금 살고 있는 집이 여유 공간이 있으므로 부모님과 계속 살아도 문제는 없을 것 같다. 하지만 독립을 선언하면 월세는 부모님께 드릴 것이다. 취업 후 5년간 월급의 30%는 꼭 저축하겠다. 1,000만 원이 모이면 우량 회사 주식에 우선 투자할 것이다.

7. 진로 생각 (3) 목표와 계획 수립

이징의 재능은 시를 잘 쓰는 것이었습니다. 하지만 그에 걸맞은 노력을 다하지 않아 좌절했습니다. 만약 이징이 현재 중학교 3학년 학생이라고 가정하면 어떤 목표와 계획을 가지고 시인의 꿈을 키워야 할까요?
(오늘날의 시대 상황에 맞추어 단기 계획과 장기 계획을 세워보세요.)

단기 계획 (1~3년)	
장기 계획 (5~10년)	

8. 진로 생각 (4) 자기 확신과 노력

이징은 자신에 대한 확신이 부족하여 어정쩡한 노력을 하게 됩니다. 스스로 확신이 없는 사람을 남이 도와주기는 어렵습니다. 자신에 대한 확신을 가지려면 어떻게 해야 할지 써 보세요.
(하늘은 스스로 돕는 사람을 돕는다고 했습니다. 자신감으로 무장하지 않으면 어려움을 이겨낼 수 없습니다. 마음속에 자신감을 채우려면 어떻게 해야 할까요?)

> **예** '나는 날마다 좋아지고 있다. 좋아지고 있다.'를 아침마다 7번씩 말하고 집을 나선다.
>
> ①
>
> ②
>
> ③
>
> ④
>
> ⑤

9. 진로 생각 (5) 탁월함을 만드는 것들

ABC

나의 재능을 10개 정도 나열해보고 그 중에서 내가 가장 잘하고 탁월하다고 할 만한 것 2개에 밑줄을 그으세요. 그리고 그 두 가지를 더 능숙하게 잘하기 위해 어떤 노력을 할지 써 보세요.

나의 재능	①
	②
	③
	④
	⑤
	⑥
	⑦
	⑧
	⑨
	⑩
가장 잘하는 것 (밑줄 그은 재능 2가지)과 더 능숙해지기 위해 노력할 것	재능 ① : 능숙해지기 위해 노력할 것 – 재능 ② : 능숙해지기 위해 노력할 것 –

10. 진로 생각 (6) 어떤 먹이를 주어야 할까?

"우리 마음속에는 두 마리의 동물이 있다. 한 마리는 사랑과 평화의 동물이고, 또 한 마리는 욕심과 미움의 동물이다. 그 중에서 이기는 것은 그가 날마다 먹이를 주고 키우는 동물이다."라는 말이 있습니다. 마음속 사랑과 평화의 동물에게 먹이를 주어야 내 마음과 내 모습도 사랑과 평화의 동물로 만들어집니다. 사랑과 평화의 동물에게 어떤 먹이를 주어야 할까요?

예 감사의 먹이 – 매일 감사한 것들을 찾아보겠다.

①

②

③

④

⑤

진로와 詩

생|각|열|기

1. 많은 사람들이 오늘도 성공을 꿈꿉니다. 그런데 성공이란 과연 무엇일까요? 무엇을 어떻게 해야 '성공했다' 말할 수 있을까요?
2. 에머슨은 자신이 생각하는 '성공'에 대해 정의를 내렸습니다. 그렇다면 내가 생각하는 성공이란 무엇인지 한 번 정리해 볼까요?

성공

– 랄프 왈도 에머슨

자주 그리고 많이 웃는 것
현명한 사람에게 존경받고 아이들로부터 사랑받는 것
정직한 비평가의 찬사를 듣고 거짓된 친구의 배반을 참아내는 것

아름다움을 식별할 줄 알며,
다른 사람들의 뛰어남을 알아채는 것

건강한 아이를 낳든,
정원을 가꾸거나
사회 환경을 개선하든
조금이라도 더 나은 세상을 남겨놓는 것

자신이 살았음으로 인하여
한 생명이라도 더 편히 숨 쉬었음을 아는 것.

이것이 성공했다는 것이다.

進 路

人文學

제 4 장

스티브 잡스
로부터
세 이야기

- 나의 어제는 나의 미래에 어떤 영향을 끼쳤을까요?
- 돈을 버는 것보다 더 중요한 일이 있다면 무엇일까요?
- 어떻게 하면 나의 삶이 올바른 쪽으로 진행될 수 있을까요?

1. 《졸업과 출발》

　아침 일찍 눈을 떴다. 오늘 행사 참여 때문에 늦게 잠들었는데 긴장이 돼서 그런지 평소보다 빨리 깼다. 오늘은 스탠포드 대학교 졸업식이다. 영광스럽게도 나는 졸업식 축사를 하게 됐다. 사실 나는 대학을 졸업하지 못했기 때문에 처음엔 축사를 하는 것이 부담스러웠다. 하지만 나 역시 젊은 날 스탠포드에서 많은 도움을 받았고 실리콘 밸리에서 자라지 않았더라면 오늘 내가 이렇게 성공할 수 없었다는 것을 잘 알기에 흔쾌히 수락했다. 나도 이제 그동안 받은 것들을 사회에 되돌릴 나이가 된 것이다.

　심호흡을 하고 눈을 감고 명상에 들었다. 명상은 정신을 맑게 하고 생각을 가지런하게 해주며 복잡한 문제들을 깔끔하게 정리해주기 때문에 종종 아침이나 저녁에 하곤 한다.

　어제 잠자리에 들기 전에 연설 원고를 정리하다 말았는데, 다시 한 번 정리할 필요를 느꼈다. 눈을 감고 지나온 날들을 되돌아봤다. 남들은 나를 창의와 혁신의 아이콘이라 하지만 내 삶은 실패의 연속이었다. 내가 크게 실패한 제품만 해도 10가지가 넘는다. 새로운 것을 생각한다고 아무것이나 창의적인 것은 아니다. 유용하고 쓸모 있는 것을 생각해 내야 한다. 그러기 위해서 실패는 필연적이다. 한 번에 창의적인 제품을 만들기는 참으로 어렵기 때문이다. 창의력은 새로운 것들을 생각해 내는 능력이 아니라 실패를 두려워하지 않는 마음에서 생겨난다.

•• 인생의 전환점에 대하여

그런데 창의적인 것은 의도적인 노력에 의해서 만들어지기도 하지만, 우연에 의해 생기기도 한다. 사실 내가 매킨토시 컴퓨터를 만들고 거기에 아름다운 서체를 집어넣기로 마음먹은 것은 리드 칼리지(Reed College)에서 들었던 서체 수업 때문이었다. 그 수업에서 다양하고 아름다운 서체를 배웠고, 무엇이 훌륭한 활자체를 만드는지도 배울 수 있었다. 나는 그것에 완전히 매료되었다. 하지만 10년 후에 그것이 매킨토시에 구현되리라고는 상상하지 못했다.

돌이켜보면 나는 우연한 기회에 서체 수업을 들었다. 나는 그 당시 학교를 그만둔 상태였다. 가난한 집안 형편에 비싼 수업료를 부모님께 부담하게 하는 것은 내 마음을 아프게 했다. 더구나 대학교육이 나에게 얼마나 큰 도움이 되는지 확신할 수도 없었다. 나는 모든 일이 잘 되리라고 생각하며 학교를 그만 다니기로 결정했다. 경제 문제를 해결하기 위해 코카콜라 병을 모아서 팔기도 했으며, 친구 방에 가서 잠을 청하기도 했다. 어떤 때는 7마일이나 떨어진 사원(寺院)에 가서 좋은 음식을 얻어먹기도 했다.

그러다 마음속에 내가 진정으로 듣고 싶은 수업을 들어야겠다는 욕구가 생겨 듣고 싶은 수업을 이것저것 듣기 시작했다. 그때 서체 수업을 듣게 된 것이다. 그것은 정말 우연이었다. 그렇게 과거를 거슬러 올라가보니 내가 서체 수업을 듣게 된 더 근원적인 이유가 있음을 알게 됐다.

내가 대학을 그만둔 가장 큰 이유 중 하나인 부모님 경제 상태는 사연이 있었다. 그것은 내가 이 세상에 태어나기 전 일과 관련이 있는데, 바로 나의 생모는 대학을 다니던 미혼모였다. 엄마는 나를 누군가에게 입양시켜야 했고, 까다로운 조건으로 나를 키워줄 양부모를 찾았다. 처음에 가난한 나의 양부모는 대상이 아니었으나 나를 꼭 대학에 보내준다는 조건으로 나를 입양했다.

내가 입양되지 않았다면 과연 리드 칼리지를 갈 수 있었을까? 중도에 그만 두지 않았다면 언제 서체 강의를 들을 수 있었을까? 모든 순간은 이렇게 알 수 없는 흐름을 타고 미래로 연결되고 있다. 그때는 몰랐지만 많은 시간이 흐른 지금, 돌이켜 보면 내가 지금 만드는 점은 어떤 식으로든 미래와 연결된다는 사실을 이제는 분명하게 알게 되었다.

•• 사랑과 상실에 대하여

나는 내가 좋아하는 것들, 내 심장이 원하는 것들에 집중하다보니 다른 사람보다 일찍 내가 정말 원하는 일을 할 수 있었다. 나는 20살 때 친구와 함께 부모님 차고에서 애플을 시작할 수 있었다. 열심히 일한 덕택에 10년 만에 4,000명 직원을 가진 2백억 달러의 기업으로 성장했다. 최고 작품인 매킨토시도 출시했다. 그리고 30살 되던 이듬해 나는 이사회로부터 해고 통지를 받았다. 어떻게 자기가 창업한 회사에서 쫓겨날 수가 있을까? 그것은 지금 생각해도 끔찍하고 쓰라린 고통이었다. 나는 무엇이 잘못된 것인지 되돌아봤다. 언제부턴가 나와 이사진의 생각과 관점의 틈은 커졌고, 그것을 메우기에 너무나 멀리 왔다는 사실도 알았다. 나의 독선으로 그들과 나는 어긋나기 시작했고 회사는 어려움에 처했다. 결국 난 일을 엉망으로 만든 책임을 져야 했다. 나는 커다란 혼란에 빠졌고 모든 상황으로부터 도망치고 싶었다. 그런데 그렇게 방황하는 동안 조금씩 깨닫는 것이 있었다. 내가 여전히 일을 사랑하고 있다는 사실이었다.

나는 초심으로 돌아가 다시 나의 창의력에 불을 붙여 나갔다. 그리고 '픽사'에서 세계 최초 컴퓨터 애니메이션 영화인 '토이 스토리'를 만들었다. 그것을 시작으로 애니메이션 영화 여러 편을 만들면서 '픽사'를 세계적 기업으로 키웠다. 그리고 기가막히게도 애플에서 나를 다시 원했고, 나는 다시 애플에 복귀할 수 있었다. 사실 내가 애플에서 해고되지 않고 계속 있었더라면 나와 애플 모두에게 불행한 결과를 가져다주었을 지도 모른다.

애플에서 해고를 당한 나는 초심의 중요성을 깨달았으며, 좋아하는 일을 한다는 것이 돈을 많이 버는 것보다 훨씬 중요하다는 사실도 온몸으로 느낄 수 있었다. 나는 성과에 대한 압박에서 벗어나 최고의 제품을 만들어 세상을 깜짝 놀라게 하며, 훌륭한 목수가 장롱 뒤에 흠이 있는 목재를 사용하지 않듯이 완벽한 제품을 만드는 데 몰입할 수 있었다.

살다보면 예상치 않게 누군가 나의 뒤통수를 벽돌로 후려치는 일을 만나게 될 수도 있다. 하지만 그렇다 하더라도 결코 신념을 잃어서는 안 된다. 그때 나를 버티게 해준 것은 내가 나의 일을 사랑했다는 사실이다. 내가 나의 일을 사랑하지 않았다면 나는 더 이상 성취를 이룰 수 없었을 것이다. 훌륭한 일을 하는 유일한 방법은 자신이 하는 일을 좋아하는 것이다. 만약 자신이 좋아할 만한 일을 아직 찾지 못했다면 사랑하는 사람을 찾듯 계속 찾다보면 어느 날 만나게 될 것이다.

•• 죽음에 대하여

하지만 그렇게 사랑하는 일을 만나 매일 보람된 하루를 보내고 있을 즈음, 운명은 또 한 번 나의 등을 세차게 후려쳤다. 1년 전 나는 암 진단을 받았다. 정확한 진단명은 췌장암이었는데, 그때 나는 췌장이 정확하게 뭔지도 몰랐다. 의사는 길어야 3개월에서 6개월을 살 수 있다면서 집으로 돌아가 주변 정리를 하라고 했다. 죽음을 준비하고 가족에게 작별 인사를 하라는 메시지였다.

그날 저녁 늦게 조직 검사를 받았는데, 의사들이 세포를 분석한 결과 다행히 수술로 치료가 가능하다는 얘기를 들었다. 곧바로 수술을 받은 다음 완쾌될 수 있었다. 그때가 내가 가장 죽음에 가까이 간 경험이었다.

17살 때 죽음에 관한 경구(警句)를 읽은 적이 있다.

"하루하루를 인생의 마지막 날처럼 산다면 언젠가 당신은 올바른 삶을 살게 될 것이다."

이 구절은 나에게 감명을 주었고, 그때 이후 33년 동안 나는 계속 매일 아침 거울을 보면서 물었다. '오늘이 내 인생의 마지막 날이라면, 오늘 내가 하려는 일을 할 것인가?' 만약 '아니오'라는 답이 여러 날 계속 나오면 나는 무언가 바꿀 필요가 있음을 느꼈다.

'곧 죽을지도 모른다'는 사실을 기억하는 것은 내가 인생의 큰 선택을 하는 데 나를 도와주는 가장 중요한 도구가 되었다. 왜냐하면 외부의 모든 기대나 수치스러움, 실패에 대한 두려움들은 죽음을 앞에 두면 모두 떨어져나가게 되고, 오직 진실한 것들만 남게 되기 때문이다. 죽을 수 있다는 것을 기억하는 것은 문제의 본질을 보게 해 생각의 오류에 빠지지 않도록 도와준다.

죽음은 우리 생(生)의 최종 목적지다. 아무도 죽음을 비껴갈 수는 없다. 죽음이야말로 삶이 만든 최고의 발명품이 아닐까? 죽음은 옛것을 없애고 새것에 길을 내준다. 따라서 우리 삶은 지극히 제한적이다. 이렇게 한정된 시간을 살면서 다른 사람의 인생을 사는 잘못을 범하며 인생을 낭비해서는 안 된다. 남들이 만든 사회적 통념이나 그들이 만든 사고방식을 따라 살 필요는 없다. 가장 중요한 것은 마음과 직관(直觀)을 따르는 용기이다. 나의 심장은 이미 내가 진짜로 되고 싶은 것이 무엇인지 알고 있기 때문에 그 어떤 것들도 다 부차적인 것이다.

내가 어렸을 때 '지구 백과'라는 시적인 감수성이 충만한 출판물이 있었다. 그 책은 좋은 도구들과 훌륭한 개념들로 넘쳐났는데, 요즘으로 치면 문고판 형태의 구글이라고 할만 했다. 몇 번의 개정판이 출간되었고, 1970년대 중반에 최종판이 나왔다. 그 책 뒤쪽 표지에는 이른 아침 시골길 사진이 한 장 실려 있었는데, 히치하이킹을 하고 있다는 느낌이 드는 그런 사진이었다. 그 사진 밑에는 '항상 갈망하고 우직하게 나아가라.'는 말이 적혀 있었다. 나는 내가 늘 그러기를 바랐다. 오늘 졸업을 하는 졸업생들에게도 그렇게 말해주고 싶다.

눈을 감은 채 심호흡을 했다. 지난 세월이 파노라마처럼 스쳐갔다. '아, 순간도 찰나지만 인생도 찰나구나.' 그렇게 생각하고 있는데 누군가 방문을 두드렸다. 나는 눈을 떴다. 아내가 아침 식사를 하라고 알려주었다.

*이 글은 스티브 잡스의 스탠포드 졸업식 축사를 바탕으로, 잡스가 졸업식 아침에 그 내용을 미리 그려보는 형식을 빌어 재구성한 픽션입니다.

2. 항상 갈망하고 우직하게 나아가라

스티브 잡스는 그의 연설에서 3가지를 말하고 있습니다.

첫째, 모든 순간은 미래로 연결되어 있다는 것입니다. 매킨토시에 아름다운 서체를 구현할 수 있었던 것은 서체 강의를 맘껏 들을 수 있었기 때문이고, 서체 강의를 들을 수 있었던 것은 가난한 형편 때문에 학교를 그만 두었기 때문입니다. 학교를 그만둘 수밖에 없었던 이유는 부모님이 가난했기 때문입니다. 가난한 부모님을 만난 이유는 친어머니가 미혼모라서 양부모가 자신을 입양했기 때문입니다. 결국 미혼모 자녀로 입양됐다는 그 사건이 잡스가 아름다운 서체 강의를 듣고 그것을 매킨토시 컴퓨터에 구현하게 된 것으로 연결됩니다. 이렇듯 하나의 사건은 다른 사건들과 이어집니다. 그것이 이뤄지기 전까지는 짐작할 수 없지만 마주치고 나서 돌아보면 과거의 어떤 일과 맞닿아 있습니다.

한번 현재의 나를 돌이켜 과거로 거슬러 가보세요. 현재의 나와 연결되는 것들이 보이기 시작할 것입니다. 따라서 하루하루, 순간순간은 흘러가 과거로 사라지는 것이 아니라 나의 미래를 만드는 힘으로 작용하고 있다는 것을 알 수 있습니다. 오늘 내가 흘려보낸 시간은 그것이 의미가 있건 없건, 충실했든 그렇지 않든 반드시 미래에 영향을 주게 됩니다. 과거는 단지 과거일 뿐이 아닙니다. 그렇기 때문에 우리는 현재에 충실해야 합니다. 우리는 매일 미래를 만들고 있습니다.

진로를 탐색하는 일은 매우 소중한 일입니다. 내가 관심 있거나 흥미를 느끼는 일을 알아보고 열심히 하다보면 내가 좀 더 잘할 수 있는 일도 발견하게 됩니다. 오늘 내가 경험했던 일들은 나중에 언젠가는 쓰임이 됩니다. 따라서 현재에 최선을 다하는 것은 훌륭한 진로 준비라고 할 수 있습니다.

둘째, 일에 대한 사랑입니다. 잡스는 20살에 창업을 하게 됩니다. 꽤 이른 나이에 창업을 하게 된 것은 자기가 정말 하고 싶은 일을 발견했기 때문입니다. 사실 요즘엔 그보다 이른 나이에 창업하는 사람도 종종 만날 수 있습니다. 중요한 것은 자기가 하고 싶은 일을 발견하는 것입니다. 잡스는 자기가 좋아하기도 하고 잘하기도 한 일을 발견했습니다. 어릴 적부터 실리콘 밸리의 젊은 엔지니어들이 모여 사는 거리에 있는 학교를 다닌 덕분에 다른 아이들보다 일찌감치 컴퓨터를 접할 수 있었습니다. 잡스가 컴퓨터를 처음 본 것은 열 살 때입니다. 복잡한 계산을 순식간에 해내는 단말기를 보고 거기에 완전히 매료되었습니다.

13살 때는 휴렛패커드의 조립 라인에서 아르바이트를 하기도 합니다. 물론 거기서 한 일은 나사를 조이는 정도의 쉬운 일이었지만 일 자체가 신이 났습니다. 그런 경험들을 쌓아가면서 자신이 즐거워하고 잘하는 일이 무엇인지 일찍 알 수 있었던 것이죠. 더군다나 자기보다 컴퓨터에 대해서 더 잘 아는 동네 형 스티브 워즈니악과의 만남은 그의 진로에 결정적인 영향을 미치게 됩니다.

물론 그렇다고 해서 잡스가 전자쪽으로만 관심을 가졌던 것은 아닙니다. 조금이라도 관심을 끄는 일이라면 일단 시도해보았습니다. 어느 날은 셰익스피어의 작품이나 모비딕 같은 문학 책을 읽기도 했습니다. 어느 때는 수영팀에서 활동한 적도 있지만 강인한 체력이 뒷받침이 돼야 하는 수영은 자신과 맞지 않다고 생각해서 그만둡니다. 또 깨달음을 얻기 위해 맨발로 인도 여행을 하지만 예상했던 것과 달리 많은 어려움을 겪으면서 자신과의 대화를 많이 할 수 있었습니다. 여행에서 돌아온 잡스는 회사 생활을 시작했지만 만족할 수가 없었습니다. 자신이 언제 가장 흥분하고 재미를 느끼는지 그는 잘 알고 있었습니다. 그것은 바로 〈자기만의 프로젝트〉를 진행할 때였습니다. 그 일을 통해 성취감과 짜릿함을 맛보고 싶었습니다. 그래서 워즈니악과 함께 창업을 하게 된 것입니다.

잡스가 일찍 자신이 좋아하는 일을 찾은 것은 다양한 경험을 할 수 있는 환경 덕분이기도 하고, 자신이 평생 할 수 있는 일을 찾기 위한 간절한 마음 덕분이기도 합니다.

사랑하는 사람을 찾듯 자신이 평생 할 수 있는 일을 찾아보라고 잡스는 말합니다. 정말 사랑하는 사람을 만나게 되면 금방 알 수 있듯이, 그 일이

나한테 맞는지 그렇지 않은지도 금방 알 수 있다는 것입니다. 내가 무슨 일을 해야 할지 잘 모르겠다는 생각이 들면 그 일을 찾아서 더 열심히 다녀보라고 권하고 싶습니다. 지금 흥미를 느끼는 일이라면 일단 경험해 보세요. 설령 그 일이 나한테 맞는 일이 아니더라도 그것은 결코 헛된 시도가 아닙니다.

셋째, 하루하루를 마지막 날인 것처럼 사는 것입니다. 우리의 삶은 유한합니다. 언젠가는 누구라도 이 세상과 작별해야 합니다. 하지만 우리는 죽음이 인생의 막바지에 나를 기다리고 있다는 사실을 잊곤 합니다. 잡스는 매일 아침 '오늘이 인생의 마지막 날이라면 무엇을 할 것인가?'라고 물었다고 합니다. 마지막 날이라면 누구나 덜 중요한 일은 뒤로 미루고 가장 중요하고 소중한 일부터 하게 될 것입니다. 잡스가 일찍 자신이 평생 할 수 있는 일을 찾아서 창업을 했지만 하루하루 최선을 다하지 않았다면 새 역사의 장을 열지는 못했을 것입니다. 잡스는 자신이 최선을 다할 수 있었던 이유 중 하나로 죽음을 기억하며 '마지막 날처럼' 살았기 때문이라고 했습니다.

이렇듯 죽음을 의식하는 삶은 그렇지 않는 삶과는 달리 후회하지 않는 인생이 되도록 우리를 이끌어줍니다. 끝이 언제인지 알 수 없지만 우리 인생에서 남은 시간은 점점 줄어들고 있습니다. 우리는 이 사실을 잊지 않도록 노력해야 합니다.

3. 진로 생각 (1) 인생의 점들을 잇기

오늘의 나는 과거의 어떤 점들이 연결되어 있나요? 현재 내 모습과 관련된 점들을 그림을 곁들여 써 보세요. (*지금 중심이 되는 내 모습이나 사건을 적고 각각 그것과 연결되는 과거의 일들을 점으로 연결하고 써 보세요.)

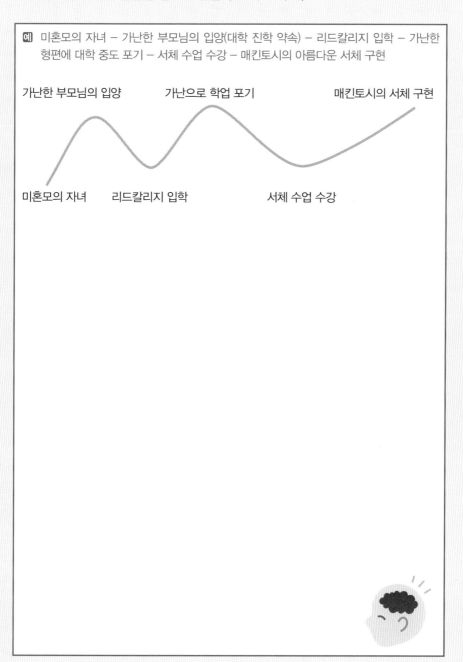

4. 진로 생각 (2) 어떤 점들을 그려 나갈까?

10년 혹은 20년 후 내 모습을 그려보고 그렇게 되기 위해 앞으로 어떤 점을 만들어 갈 것인지 점들을 연결해서 써 보세요. (*현재에서 출발하여 미래로 점 잇기, 진로 생각(1)은 과거1 – 과거2 – 과거3 – 현재 형식이라면, 진로 생각(2)는 현재 – 미래1 – 미래2 – 미래3 – 20년 후 내 모습 형식으로 생각해 보세요.)

5. 진로 생각 (3) 가슴을 뛰게 하는 일

지금까지 경험을 통해서 내 가슴을 뛰게 하거나 잘한다고 느꼈던 일이 있다면 무엇인지 세 가지 정도 생각해 보고 그때 느낌이나 주위 반응을 써 보세요.

	내 가슴을 뛰게 하거나 잘한다고 느꼈던 일	그때 느낌이나 주위 반응
1	예 쉬는 시간에 개그맨 흉내를 내거나 웃긴 행동을 했을 때	예 아이들이 재미있어 하고 나에게 집중함. 내가 사람들을 잘 웃기고 재미있게 할 수 있다는 것을 느낌. 개그 쪽으로 가보라는 얘기를 들음.
2		
3		

6. 진로 생각 (4) 후회 없는 인생을 위하여

삶은 제한적입니다. 후회 없는 인생을 살려면 하루를 소중하게 보내야 합니다. 살면서 후회가 됐던 일이 있다면 무엇이 있습니까? 후회한 일을 또 다시 경험하지 않기 위해 나는 무엇을 해야 하나요?

	후회됐던 일	후회한 일을 다시 경험하지 않기 위해 해야 할 일
1	예 중학교 2학년 때 농구팀 주전에서 탈락 됐던 일. 좀 더 노력하지 못한 게 후회됐다.	예 분명한 목표와 체계적인 계획을 세우고 매일 실천한다. 절대 중간에 포기하지 않는다.
2		
3		

7. 진로 생각 (5) 목표와 우연

삶의 큰 성취를 위해서는 목표를 세우는 것이 매우 중요합니다. 목표가 없으면 우왕 좌왕 흔들리고 삶 속에서 표류하게 됩니다. 때때로 목표를 향하는 과정에서 우연한 기회에 또 다른 발견을 하거나 새로운 기회를 얻기도 합니다. 따라서 우연을 소중하게 여길 필요가 있습니다. 살면서 우연을 통해 깨달음을 얻었거나 기회를 발견한 경험이 있다면 써 보세요.

	우연히 깨달음을 얻었거나 기회를 발견한 경험
1	예 쉬는 날 자고 싶었지만 엄마가 음악회에 가자고 해서 억지로 따라갔다가 엄마가 아는 간호사 선생님을 만났는데, 나의 관심 분야라 그분 얘기를 듣고 진로에 대한 결심을 굳히게 되었다.
2	
3	
4	
5	

8. 진로 생각 (6) 회사를 창업한다면

내가 만약 잡스처럼 회사를 창업한다면 어떤 회사를 만들지 계획을 세워 보세요.

1) 회사명:

2) 업종:

3) 회사를 상징하는 로고와 의미(*회사 로고를 그리고, 로고에 담긴 의미를 설명하세요.)

4) 회사를 만든 이유:

5) 소비자가 우리 회사 콘텐츠(물건, 서비스, 프로그램 등)를 사용하게 되는 이유는?

6) 함께 일하고 싶은 사람(*친구나 지인 중에서 함께 일하면 좋을 사람을 써 보세요.)

	함께 일하고 싶은 사람	맡기고 싶은 일	이유
1			
2			
3			

생 | 각 | 열 | 기

1. 인생이라는 멀고 긴 항해에서 고난은 늘 우리 삶에 그림자처럼 따라붙습니다. 누구나 고생이나 시련이 없기를 바라지만 나이를 먹으면 해결해야 할 문제는 더 커지게 마련입니다. 이런 난관 속에서 꺾이지 않는 열정과 의지를 가지려면 어떻게 해야 할까요?

2. 훗날 내 묘비명에 어떤 글귀가 새겨지길 바라나요?

진혼곡

- 로버트 루이스 스티븐슨

별들이 빛나는 드넓은 하늘 아래,
묘를 파서 나를 눕혀주오.
즐겁게 살았고 또 기꺼이 죽노니,
나 주저앉고 누우리.

그대가 나를 위해 새겨줄 묘비명은
여기 그가 누워있노라, 그토록 갈망하던 곳에
선원이 집으로 돌아왔네, 거친 항해에서
사냥꾼이 집으로 돌아왔네, 거친 들판에서

제 5 장

미래를 여는 창

- 로봇이 일상에 보급되면 우리 생활에 어떤 변화가 생길까요?
- 인공지능 로봇이 갖지 못한 인간만의 강점은 무엇일까요?
- 나만의 콘텐츠를 만든다면 어떤 것을 만들겠습니까?

1. 《레디메이드 보살》 다시 읽기

로봇회사 UR의 현장 서비스 기사는 한 사찰을 방문하여 '인명'이라는 법명을 가진 로봇에 대한 점검을 부탁받습니다. 로봇 보급으로 이 절에서도 어지간한 일은 로봇이 모두 처리하고 있었습니다. 절의 회계와 관리 등 사판승들이 하던 일을 로봇이 담당하고 스님들은 오로지 수행에만 전념하게 되면서 절에서는 이들 로봇에게도 법명을 하나씩 붙여 불렀습니다. 법명이 '인명'인 로봇은 절을 안내하는 6대 로봇 중 하나로 어느 날 기이한 오작동을 일으키게 됩니다.

로봇 승려 '인명'의 오작동은 다름 아니라 설법을 하고 깨달음을 얻은 것이었습니다. 이것은 본래 컴퓨터에 프로그램 되어 있던 것이 아니었죠.

그날 서비스 기사는 절에서 많은 사람들이 둘러앉아 설법을 경청하는 중에 간간이 스님과 로봇들을 보았습니다. 아마 일반 신도들이 데려온 비서 로봇들인 듯했습니다. 그는 미소 지었습니다. 설법을 듣는 로봇이라니. 그러나 법좌 쪽을 바라본 그는 정말 깜짝 놀라고 말았습니다. RU-4였습니다. 분명히 RU-4였습니다. 범용 인간형 로봇 시리즈 제4형 모델 중 하나가 수많은 신자와 스님들에게 설법을 하고 있었던 것입니다.

이제 그 기사는 '인명'의 상태를 점검해야 했습니다. 만약 문제가 있다면 수리를 해서 정상적으로 작동할 수 있게 하거나 큰 고장일 경우 본사로 넘겨 주어야 합니다.

설법이 끝난 로봇 '인명'이 점검을 받기 위해 들어왔습니다. 스님에게 기사를 소개받자 인명은 합장을 하면서 이렇게 말했습니다.

"UR은 저의 부모님과 같은 존재입니다. 처음 뵙겠습니다. RU-4#5y492 5789475849입니다."

기사는 여러 가지 기능을 테스트했지만 결과는 정상이었습니다. 기사는 혼란스러웠죠. 이 로봇이 정상이라면 로봇이 득도해서 깨달음을 얻었다는 것도 인정해야 한단 말인가?!

그렇게 고민하던 차에 UR 회사 회장이 황급히 도착합니다. 회장은 사태가 심각하다고 여겼습니다. 자칫 로봇이 득도하여 깨달음을 얻었다는 사실이 세상에 알려진다면 엄청난 혼란이 오게 될 것이고, 자신의 로봇 사업에도 막대한 영향을 미칠 것이라 판단한 것이지요. 일부 스님들이 '인명'의 깨달음을 옹호하는 태도를 보이자 회장은 꾸짖듯이 말합니다.

"정신 차리시오, 스님들. 저것은 지금 인류 전체의 턱밑에 파고든 비수요. 모든 형이상학적 토론이 그렇듯 이건 부질없는 요식 행위일 뿐이오. 인류 역사는 결코 토론을 통해 결정된 적이 없소. 만일 여러분들이 여론이나 언론의 힘을 빌린다 할지라도 나는 마지막 순간까지 당당할 것인데, 그것은 내가 인류 전체는 물론 인간 개개인의 궁극적 이익 및 정의를 대변하고 있기 때문이오. 대답해보시오, 스님네들. 인간이 스스로 창조한 피조물과 동일한 지위로 격하되어야 하오? 그럴 수 있소?"

이렇게 논쟁을 하는 동안 종단의 지도자들도 가세하여 로봇 '인명'의 깨달음이 가져올 문제점을 지적하게 됩니다.

"누구는 속세와의 절연과 끊임없는 자기 부정 속에서 정말로 힘겹게, 몇 십-몇 만-몇 겁의 윤회 속에서 간신히 성취하는 정각(正覺)을 누구는 조립되면서부터 얻는다면 누가 그토록 애써서 선과를 구하겠는가?"

깨달음의 종교인 불교에서 사람이 아닌 로봇이 깨달았다는 사실이 알려지는 것을 두려워한 것입니다. 결국 로봇을 폐기 처분하는 쪽으로 결론이 내려집니다.

그러자 로봇 '인명'은 가부좌를 틀고 앉아 평온한 모습으로 입을 열었습니다.

"인간들이여, 무엇을 두려워하십니까? 집착과 갈애, 선업과 악업, 깨달음과 무명(無明)이 모두 본디 공(空)함을 본, 로봇의 눈에 비친 세상은 이미 그 자체로 완성되어 있는 것이었습니다. 어찌하여 로봇만이 득도한 상태로 완성되었다고 생각하십니까? 인간들이여, 당신들도 태어날 때부터 깨달음은 당신들 안에 있습니다. 다만 그 사실을 모를 뿐입니다. 이 로봇이 보기에 세상은 이 자체로 아름다우며, 로봇이 깨달음을 얻었건 얻지 못했건 상관없이 이 자체로 완성되어 있으며, 세상의 주인인 당신들 역시 이미 깨달음을 모두 성취한 상태입니다. 그렇기에 당신들이 먼저 깨달은 로봇의 존재로 인해 다시 무지와 혼란과 어리석음에 빠지지 않도록 나는 이제 이곳을 떠나겠습니다. 부디 여러분은 스스로의 마음속을 깊이 살피시어 깨달음의 보과(報果)를 얻으시길 바랍니다."

이렇게 말하고 로봇 '인명'은 스스로를 폐기 처분했습니다. 열반(涅槃)에 든 것입니다.

저 ㅣ 자 ㅣ 소 ㅣ 개

🔍 <레디메이드 보살>과 저자 박성환은?

2004년 제1회 과학기술창작문예 단편 부문에서 <레디메이드 보살>로 수상했다. 이 작품은 영화 <인류 멸망 보고서>에서 '천상의 피조물'이라는 제목의 에피소드로 영상화되었다. 그 외에도 《잃어버린 개념을 찾아서》, 《백만 광년의 고독》, 《유 로봇》 등 SF 작품집에 단편을 수록했다. 2016년 SF 어워드에서 단편 부문 우수상을 받았다.

2. 《로봇 개와의 동거》

아침에 눈을 떴다. 상쾌한 아침 공기가 귓가에 맴돈다. 바람결에 밀려오는 풀 냄새도 싱그러워 이런 날이면 나는 그런 느낌을 더 오래 간직하고 싶어서 눈을 감은 채 머뭇거리지. 오늘 할 일을 머릿속으로 그려본다. 뭐, 만날 비슷한 일과이긴 하지만 그래도 이렇게 머릿속으로 생각해 보는 날과 그렇지 않은 날은 차이가 있어. 계획을 세워놓지 않으면 저녁때가 되면 꼭 빠뜨린 일이 생겨. 그래서 아침에 이렇게 눈을 감고 잠깐이지만 머릿속으로 연상을 해보는 게 습관이 됐어. 가만, 오늘은 뭐부터 해야지?

옆에서 누가 부스럭거린다. 아, 누구지? 민국이가 학교 갈 준비를 하는 것 같다. 작년까지는 게으르던 녀석이 중학생이 되더니 제법 의젓해졌어. 이제 학교 갈 책가방을 스스로 챙길 줄도 알고. 게임만 조금 줄이면 참 착한 학생이 될 텐데, 그건 잘 안 고쳐져.

초등학교 때 책 읽는 습관을 가지면 좋을 것 같아 자주 책을 가져다 줘봤지만 쳐다보지도 않고, 인터넷하고 컴퓨터 게임에만 푹 빠졌어. 그때 내가 책을 좀 읽어줬어야 하지 않았나 가끔 후회가 되기도 해. 하지만 어쩌겠나. 다, 자기 인생 자기가 사는 건데.

하긴 작년까지만 해도 학교만 다녀오면 나한테 인사하고 나랑 TV도 같이 보고 먹을 것도 같이 나눠 먹으며 얼마나 살갑게 굴었던가. 그러던 녀석이 하루아침에 나한테 보이던 관심을 거두게 될지 누가 알았겠어. 사춘기의 변화라는 것이 무서워. 다른 집도 보면 그 나이가 되면 집에 와서 말수도 적어지고 자기만의 세계에 푹 빠져든다고 하지 않던가?

그래도 이건 좀 아니지. 그런데 고양이 미미하고는 그래도 제법 같이하는 시간이 많아. 작년 이맘때 미미가 우리 집에 오기 전까지는 나와 민국이도 함께 오붓한 시간을 많이 보냈지. 그런데 미미란 녀석을 보면 민국이한테 여우짓을 너무 많이 한단 말이야. 지난주에도 민국이 올 시간이 되니까 거실을 어슬렁거리더니 민국이가 들어오니 갑자기 애처로운 표정을 지으면서 많이 울적했다고, 기다렸다고 이러면서 민국이 마음을 자극하는 게 아닌가?

그 모습을 보고 가만있을 우리 민국이가 아니지. 미미를 쓰다듬고 안아주고 난리가 난 거야. 사실 민국이는 너무 순진한 구석이 있어. 나처럼 하루 종일 미미가 하는 행동을 관찰했다면 미미에게 홀라당 넘어가는 일은 없을 텐데, 걱정이야. 나도 웬만하면 참으려고 했는데 미미 이 녀석 하는 짓을 보면 나도 화날 때가 많아. 작년 말부터 민국이가 학교에서 오면 미미만 찾고 나한테는 인사도 잘 안했어. 다 커가는 과정이라 이해는 해. 하지만 사람이 예의라는 게 있잖아. 우리가 한두 해 같이 산 것도 아니고.

알아듣도록 타일러도 봤지만 이제 자기도 컸다고 내 말을 듣지 않아. 사실 나도 이제 많이 포기했어. 하지만 나는 민국이가 언젠간 나한테 다시 돌아올 거라 믿고 있어. 그게 말이야, 권태기라는 것도 있고 민국이가 성숙해지면 내 맘을 많이 이해하게 될 거야. 그때는 나한테 죄송하다고 사과도 하겠지. 물론 그걸 바라고 사는 건 아냐. 민국이가 어떤 행동을 하더라도 나는 계속 민국이를 사랑하고 예뻐해 줄 거야.

근데 항상 기회는 예기치 않은 곳에서 찾아오는 법이지. 이건 미미도 생각하지 못한 일인데, 1주일 전에 민국 아빠가 로봇 개를 한 마리 사왔지 뭐야. 민국이가 너무 게임에만 빠지니까 로봇 개와의 교감을 통해 다른 분야에도 관심을 갖게 하려는 작전이지. 역시 민국 아빠는 생각하는 게 나보다 나아. 나는 책만 읽히면 다 될 줄 알고 책만 갖다 줬는데 그게 아니더라고.

로봇 개 이름은 민국이가 풍산이라고 붙여줬어. 풍산이랑 같이 있다 보니까 민국이가 로봇 관련 책이나 동물 관련 책들을 보는 거 있지. 그래서 '자기 관심 분야가 생기면 저절로 책을 볼 수 있는 거구나.' 하는 걸 깨달았어. 그냥 막 책을 가져다주는 건 좋은 방법이 아닌 것 같아.

그리고 한 가지 재미있는 건 풍산이가 민국이에 대해서 공부를 하더라는 거지. 민국이 기분, 감정 상태, 좋아하는 음악과 영화, 취미, 학습 습관까지 모든 데이터를 모으더니 하루가 다르게 민국이한테 적응을 하는 거야. 역시 인공지능 로봇이라 다르긴 다르더라고. 사람이 천년 걸리는 학습도 며칠이면 가능할 정도로 빨리 배운다고 해. 민국이 아빠나 나보다도 훨씬 많이 민국이에 대한 데이터를 가지고 있는 것 같아.

풍산이가 민국이한테 필요한 정보를 알려주고 감정 상태에 맞게 대하다 보니 둘은 금방 친해지고 있어. 미미 입장에서는 결코 반가운 일이 아니지. 미미에게 강력한 라이벌이 나타난 거야. 라이벌이라 하기엔 너무 게임이 안 돼 보이긴 하지만.

풍산이와 민국이가 노는 걸 보니 미미의 문제가 뭔지도 조금은 알 것 같아. 미미는 너무 이기적이야. 사랑을 받으려고만 하지. 하지만 사랑은 주고받는 거야. 누군가 자기한테 일방적으로 계속 사랑을 요구만 한다면 얼마 지나지 않아 상대는 금방 질리고 말지. 미미가 그 사실을 빨리 깨달아야 할 텐데. 하지만 미미가 그 사실을 깨닫기까지는 시간이 좀 더 필요하겠지. 미미도 풍산이한테 당해보면 내 심정을 이해할 거야.

나는 요즘 풍산이와 친해지려고 노력하고 있어. 우리는 둘 다 민국이를 사랑한다는 공통점을 가지고 있어. 그거 하나만으로도 우린 친하게 지낼 이유가 충분해. 물론 미미도 그런 면에서 같기는 하지만, 미미는 그 사랑을 공유하려고 하지 않아. 혼자서 독차지 하려고만 해. 반면 풍산이는 질투가 없어서 좋은 것 같아. 사실 미미가 풍산이를 이기기 어려운 이유 중 하나가 그것 이기도 하지. 풍산이는 마음을 비운 도인 같아. 아무것도 바라지 않고 민국이가 소홀하더라도 서운한 감정 따윈 보이지 않아. 그래서 민국이가 풍산이를 더 편해 하는 것 같아.

사실 나도 풍산이를 보면서 많이 배워. 나도 마음을 비우려고 노력해. 그렇게 하니까 민국이가 나를 대하는 태도가 조금씩 바뀌는 걸 느껴. 그래서 그동안 민국이에 대한 나의 사랑은 사랑이 아니라 집착이었다는 걸 깨닫고 있어. 암튼 풍산이가 와서 많은 변화가 생기고 있는데, 이 변화가 나는 싫지만은 않아.

그런데 그제는 하마터면 큰일 날 뻔했어. 민국 아빠가 막 출근했는데 민국이가 늦길래 빨리 준비하라고 얘기하려고 갔더니 민국이가 화장실에서 넘어져 있는 거야. 머리를 욕조에 부딪히고 발목을 삐끗하고 말았지. 민국이는 고통스런 표정으로 나에게 빨리 아빠를 불러 달라고 했어. 나는 재빨리 민국이 방에 가서 핸드폰을 찾았지만 찾을 수가 없었어. 그래서 재빨리 풍산이에게 빨리 민국 아빠한테 연락하라고 했어. 풍산이랑 가족들은 서로 연결 장치가 돼 있어서 언제든지 연락이 가능하거든. 그런데 공교롭게도 풍산이의 배터리가 꺼져 있는 거야. 이유는 나도 잘 모르겠어. 자동으로 충전되기 때문에 사실 그 부분은 신경을 안 썼거든. 그래서 나는 급히 미미한테어서 급속 충전을 하게 했지. 그동안 나는 민국이의 머리를 받치고 있었어. 미미가 스위치를 누르자 바로 충전이 돼서 민국 아빠하고 연락이 됐어. 민국 아빠는 바로 차를 돌려 집으로 와 민국이를 데리고 곧장 병원으로 갔고, 민국이는 치료를 받고 위기를 넘길 수 있었어.

그 일을 통해서 나는 깨달은 게 있어. 아무리 훌륭한 로봇 개가 있다 해도 나 같은 진짜 개만이 갖는 장점이 있다는 거지. 그건 미미도 마찬가지고. 그래서 이젠 풍산이, 미미와 어떻게 서로 협업을 해 나갈지 구상 중이야. 아참, 내 이름은 백두야. 나는 나와 같은 진짜 개가 가진 강점을 극대화하는 연구를 계속 하려고 해. 로봇 개가 갖지 못한 우리 개들만의 장점을 아는 게 중요해. 사람과 로봇, 동물이 함께 어울려 살아가는 세상을 만드는 게 내 작은 소망이야.

*이 이야기는 인공지능 로봇 개와 동거하는 진짜 개와 고양이가 겪는 해프닝을 '백두'라는 개 가 주인공이 되어 이야기하는 형식으로 구성한 픽션입니다.

3. 인간의 무궁한 가능성을 열자

《레디메이드 보살》은 인간과 로봇의 공존, 그리고 인간만의 영역이라고 할 수 있는 생각과 깨달음에 대해 문제 제기를 하고 있는 소설입니다. 소설 속 배경이 되는 절에서는 거의 모든 업무를 로봇이 대신합니다. 로봇이 보급되어 일상화된 사회에서는 사람이 하는 일 대부분을 로봇이 맡아서 하게 됩니다. 앞으로 로봇의 영역은 점점 확대되어 단순 노무직에서부터 빠른 계산이나 프로그램화 하기 쉬운 일부터 로봇이 일을 하게 될 것입니다. 이렇게 로봇의 역할이 커지면 사람의 역할이 줄어들게 되는데, 특히 일자리를 잃는 사람이 늘어날 것입니다. 이런 이유로 로봇의 대중화를 불안한 눈으로 바라보는 경우가 많습니다.

이렇게 세상이 빠르게 변하고 로봇이 산업 각 분야에 전파되어 아무리 직업을 잘 준비해도 그 직업이 계속 존재하지 않고 사라져 버린다면, 준비한 모든 것이 수포로 돌아갈 것 같아 불안하기만 합니다. 이렇게 인공지능 로봇이 우리 삶에 들어온 현실을 우리는 어떻게 바라봐야 할까요?

사람이 손으로 노동하던 시대에서 도구와 기계를 사용하면서 인간의 노동은 점점 고도화되고 지식과 정보를 다루는 일로 확대되었습니다. 인간이 하기 어려운 일들을 기계가 대신해왔습니다. 어려운 계산도 컴퓨터를 통하면 금방 해낼 수 있습니다. 복잡한 계산도 굳이 인간이 할 필요가 없습니다. 기계가 할 수 있다면 그런 건 기계에 맡기고 인간은 좀 더 고도의 작업에 집중할 필요가 있습니다. 앞으로 복잡한 지식을 활용해야 하는 것들 중에도 기계가 할 수 있는 것들은 많은 부분에서 기계에게 위임하게 될 것입니다. 로봇은 의료와 재판 같은 업무에서도 점점 영역을 확대할 것입니다. 거의 모든 부문에서 인공지능 로봇의 진출은 대세라고 봐야 합니다. 하지만 우리는 이런 사실을 도구에서 기계로 발전해온 과정처럼 자연스런 흐름으로 인정할 필요가 있습니다. 기계 발달로 인간 삶이 편리해지고 힘든 노동에서 많이 해방되었듯이 로봇 발달도 그런 과정으로 보는 것이 합리적입니다.

그런데 모든 변화에는 일정 정도 부작용이 따릅니다. 당장 기계 때문에 내 일자리가 없어진다면 그것을 기쁘게 받아들일 사람은 없습니다. 하지만 그렇다고 해서 기계를 파괴하고 옛날로 돌아갈 수는 없습니다. 부작용을 최소화 하면서 변화의 흐름을 잘 읽고 거기에 대비하고 변화를 선도해 나가는 지혜도 필요합니다.

모든 부문에서 기계화가 진행되면 결국 인간에게 필요한 것은 가장 인간적인 것, 인간다운 것만 남게 됩니다. 그것은 인간만이 가지는 특징이라고 할 것입니다. 인간은 인간이기에 인간만이 갖는 특징이 있습니다. 달리기는 치타나 호랑이가 잘 합니다. 자동차는 더 잘 달립니다. 그래서 그것은 인간만의 특징이라 할 수 없습니다. 수천 편의 영화를 컴퓨터에 저장할 수 있지만 인간은 단 한 편도 머릿속에 온전하게 저장할 수 없습니다. 작곡을 하거나 소설을 쓰거나 추상화를 그리는 인공지능도 등장했습니다. 그렇게 본다면 인간이 잘하는 것은 무엇일까요? '백두'가 개의 강점을 극대화하여 로봇 개와 협업하는 쪽으로 방향을 잡았듯이 인간도 자신의 강점을 극대화 하는 지혜가 필요합니다.

•• 판단과 결정을 내리는 일

알파고는 이세돌에게 도전해야겠다고 판단하지 않았습니다. 도전을 결정한 것은 바로 인간입니다. 알파고는 그 명령을 착실하게 따랐을 뿐입니다. 따라서 무언가 판단과 결정을 내리는 것은 매우 중요한 역량이라는 것을 알 수 있습니다. 최종 판단과 결정은 인간의 몫입니다. 물론 그런 결정을 할 때 인공지능의 도움을 받을 수 있습니다. 따라서 인공지능과 인간의 협업은 이제 필수가 되었습니다. 판단하고 결정하는 역량은 앞으로 점점 더 비중이 커질 것입니다. 따라서 평소에 판단과 결정을 잘 내리는 연습을 할 필요가 있습니다. 자신의 결정에는 책임이 따릅니다. 그런데 판단이나 결정을 미루고 잘못될까봐 결정을 못 내리고 다른 사람에게 미루거나 부탁하는 사람이 있습니다. 그런 행동을 반복하게 된다면 사회생활에 치명적인 약점이 될 것입니다. 공부를 할 때도 계획은 스스로 세우고, 진로를 결정할 때도 자신의 상황을 잘 파악하여 신중한 결정을 내릴 수 있어야 합니다. 그렇지 않고 부모님이나 선생님, 친구에게 의지하는 습관을 가진다면 인간만이 가진 특징을 스스로 저버리게 됩니다.

•• 심리와 감성을 나타내는 일

인간의 마음은 아직 실체가 정확하게 드러나지 않았습니다. 인간이 마음에 대해 연구를 시작한 역사는 길지 않습니다. 사람은 내 마음을 나도 잘 모르겠다는 말을 자주 합니다. 인간에게 마음은 미지의 영역입니다. 같이 사는 가족도 서로의 마음을 잘 몰라 갈등이 생깁니다. 회사에서도 서로의 성향과 성격이 달라 부딪히는 일이 많고 소통이 어렵다는 얘기를 합니다. 과거 학교 선생님의 역할은 지식을 잘 설명해주는 것이었습니다. 하지만 이제는 학생과 잘 소통하고 학생이 지적 호기심을 갖고 여러 문제에 도전할 수 있도록 도와주는 역할이 더 중요합니다. 아무리 인터넷이 발달하고 SNS로 소통한다고 해도 직접 만나서 대화하고 어울리고 싶은 것이 사람의 일반적인 마음입니다.

옛날에는 기계처럼 일을 잘하면 우수한 일꾼이라고 인정받았습니다. 인간의 심리와 감성에 어두운 사람도 기계처럼 일을 하면서 자신을 감출 수 있었지만, 이제는 기계가 그런 일을 대신 함으로써 자신의 소통 능력이 그대로 드러나게 됩니다. 그래서 인간을 잘 이해하는 것이 매우 중요해졌습니다. 인문학에 대한 관심도 바로 인간에 대한 이해와 맞물려 있습니다.

그러므로 이제는 학교에 가는 목적을 단순히 지식을 얻고 상급 학교를 진학하기 위해서 간다고 생각할 것이 아니라 서로 다른 친구들의 마음, 삶의 방식과 태도를 배우러 간다고 생각해 보세요. 사람을 이해하는 일은 사람을 만나는 경험을 통하지 않고는 할 수 없습니다. 인간이야말로 우주에서 가장 복잡한 존재입니다. 그 복잡한 존재를 매일 수십 명씩 만나고 그들에게 무언가를 배울 수 있다면 정말 큰 기회를 얻는 것입니다. 아무리 돈이 많은 사람이라도 그 정도 인원을 십여 년 동안 매일 꾸준히 만나 연구할 수 있는 장소와 시간을 제공할 수는 없습니다.

사람의 역량 차이는 지식의 양에서 결정 나는 것이 아니라 사람에 대한 이해와 깨달음의 질에 의해 많이 좌우됩니다. 매일 만나는 사람 중에는 친구뿐만 아니라 선생님이나 동네에서 자주 만나는 사람들도 포함시켜 보세요. 그렇게 몇 년만 지나면 사람에 대한 이해 폭이 엄청 달라져 있을 것입니다. 그것은 생각과 가치관을 변하게 하고 말과 행동으로 드러나 인격으로 형성됩니다. 가장 중요한 공부는 지식 습득이 아니라 '사람 공부'라는 것을 잊지 마세요. 인간의 심리와 감성을 아는 것은 어떤 일을 하더라도 갖춰야 할 중요한 소양입니다.

•• 존재하지 않는 데이터 만들기

미래를 예측하는 것이 점점 어려워지고 있습니다. 과거 우리나라는 앞으로 유망한 직업이나 발전 가능성이 있는 산업을 알고 싶으면 일본이나 미국을 바라봤습니다. 선진국들의 트렌드를 보면 10~20년 후 우리나라 모습을 예측할 수 있었습니다. 하지만 이제는 미래를 예측하는 일이 점점 어려워지고 있고, 참고할 만한 나라도 거의 없습니다. 어느 순간 우리나라도 앞줄에서 달리고 있으며, 이제는 우리가 모델이 되어야 할 때가 되었습니다. 남들이 아직 생각하지 못하고 알지 못하는 것들을 만들어야 할 단계에 와있는 것입니다. 즉 남들이 정해놓은 기준을 따라가는 것이 아니라 남에게 기준을 제시하는 입장으로 바뀌었으며, 이는 창조자의 길을 걷는 것과 같습니다. 어떻게 보면 이것은 축복일지도 모릅니다.

과거에는 출제된 문제를 풀기만 했다면 이제는 스스로 출제자가 되어야 합니다. 인공지능은 체스나 바둑을 잘 두지만 바둑 규칙을 만들지는 못했습니다. 그것을 만든 사람은 따로 있습니다. 이젠 남이 만들어 놓은 규칙과 콘텐츠만 사용할 것이 아니라 나도 세상에 기준을 만들어 제시할 수 있다는 생각을 해야 합니다. 좋은 노래와 작품, 양질의 프로그램, 새로운 요리, 혁신적인 물건 등을 만들어 세상 사람들에게 공급하는 생산자의 길을 걸어보는 것은 어떨까요?

우리는 사는 동안 서로 데이터를 주고받습니다. 데이터는 말과 글 등의 형태로 제작되어 시간과 공간을 넘나듭니다. 우리 조상들이 우리에게 데이터를 남겨주지 않았다면 우리는 모든 것을 새로 시작해야만 했을 것입니다. 다행히 대대로 데이터가 전승되고, 국경을 넘어 이동하게 되었습니다. 우리는 사는 동안 수많은 데이터를 주고받다가 데이터를 남기고 세상을 떠나게 됩니다. 따라서 우리는 우리가 받은 데이터를 더 발전시켜서 세상에 쓸모 있는 데이터를 공급하고 남겨야 합니다. 세상에 떠도는 수많은 데이터를 합쳐서 고도의 지적 결과물인 새로운 데이터를 만드는 것은 인간만이 할 수 있는 고유한 권리입니다. 그러니 이제부터라도 자신의 생각과 느낌을 그대로 흘려보내지 말고 구체화 하여 결과물을 만드는 일을 해보면 어떨까요? 새로운 콘텐츠를 만드는 일은 나의 역량을 극대화 시키는 방법 중 하나이기도 합니다.

4. 진로 생각 (1) 인지 자동화와 직업 변화

인공지능 로봇에 의한 자동화로 사라지는 직업이 늘어나고 있으며, 앞으로도 많은 직업이 사라질 것으로 예상됩니다. 자동화로 인해 대체 확률이 높은 직업과 그렇지 않은 직업을 구분해 보고, 각각 어떤 공통점과 특징을 가지고 있는지 써 보세요.

	대체 확률이 높은 직업	대체 확률이 낮은 직업
직업명	① ② ③ ④ ⑤	① ② ③ ④ ⑤
공통점 & 특징		

5. 진로 생각 (2) 대한민국 미래 예측

미래를 예측하는 것은 쉬운 일이 아닙니다. 하지만 5~10년 후를 미리 그려보면서 앞으로 나아가는 것은 의미가 있습니다. 어떤 일을 하든, 세상의 변화를 눈여겨보면서 그에 대한 준비를 해 나간다면 빠른 변화 속에서도 잘 적응해 나갈 수 있습니다. 내가 생각하는 10년 후 대한민국 미래 모습을 글로 표현해 보세요.

분야	10년 후 예상하는 변화 모습	그렇게 생각하는 이유
인구		
농업 생산량		
중국 또는 일본과의 관계		
대학 졸업자 비율		
공기의 질		
외국인 관광객 숫자		
교통 운송에서의 변화		
인터넷을 통한 소통 방식		
교실 수업 방식		

6. 진로 생각 (3) 나의 진로와 미래 연결

자신이 계획하고 있는 본인의 진로 분야에서 미래(10~20년 후)에 새로 생길 것이라고 예측하는 직업은 무엇이며, 그 직업은 주로 어떤 일을 하게 될지 써 보세요. (*아직 존재하지 않는 직업이므로 직업명도 직접 만들어 보세요.)

	본인의 진로 분야에서 미래(10~20년 후)에 새로 생길 것이라고 예측하는 직업은?	그 직업이 주로 하게 되는 일은?
1		
2		
3		

7. 진로 생각 (4) 나의 콘텐츠 만들기

내가 만들고 싶은 나만의 콘텐츠(작품, 노래, 그림, 프로그램, 기계, 발명품, 요리 등)
가 있다면 무엇입니까? 구체적으로 써 보세요.

내가 만들고 싶은 나만의 콘텐츠	콘텐츠에 담고 싶은 내용은 무엇인가요?
예 SF소설	예 외계 우주를 탐험하는 중 인간의 신비에 눈뜨고 깨닫는 과정을 그리는 내용으로, 핵심은 사랑과 평화다.

8. 진로 생각 (5) 자율 주행차와 생활 변화

자율 주행차(무인자동차)가 일반화 되면 직업과 생활에 큰 변화가 예상됩니다. 어떤 변화들이 생기게 될까요? 예상할 수 있는 것들을 써 보세요.

	자율 주행차(무인자동차)가 일반화 되면 예상되는 직업 변화	자율 주행차(무인자동차)가 일반화 되면 예상되는 생활 변화
1		
2		
3		
4		
5		

9. 진로 생각 (6) 미래 사회 변화와 유망 직업

미래 사회 변화와 관련된 유망 직업을 3가지 이상 생각해 보세요. 아직 그 직업이 존재하지 않는다면 그에 맞는 직업을 쓰고, 직업의 정의와 역할을 함께 써 주세요. 그리고 나의 관심 영역 순으로 순위를 매겨 보세요.

미래 사회 변화	유망 직업	직업의 정의와 역할	관심 순위
1인 1로봇 시대가 온다.			
지구촌이 하루 생활권이 된다.			
환경에 대한 관심이 증대되고 생태계를 보호하는 데 역점을 둔다.			
노인 인구가 증가되고 저출산, 다문화 사회가 된다.			
여가 활동이 늘어나고 문화에 대한 관심이 증대된다.			
컴퓨터와 인터넷의 발달과 사람과 물건, 사람과 사람, 물건과 물건이 고도로 연결된다.			

생 | 각 | 열 | 기

1. 세상을 위해 줄 수 있는 내가 가진 '최상의 것'은 무엇일까요? 자기가 가진 최상의 것을 세상에 아낌없이 준 사람의 예를 들어 보세요.

2. 지금 세상과 마음 밭에 뿌리는 좋은 씨앗들은 금방 결과로 나타나지 않는 경우가 많습니다. 왜 그런 걸까요? 그리고 그것들을 결과로 확인하기까지 어떤 태도를 갖는 것이 좋을까요?

인생 거울

– 메들린 브리지스

세상에는 충실한 마음과
굴하지 않는 정신이 있다.
순수하고 진실한 영혼들도 있다.

그러므로 자신이 가진
최상의 것을 세상에 주면
최상의 것이 당신에게 돌아올 것이다.

사랑을 주면 사랑이 모여들어
가장 어려울 때 힘이 될 것이다.

믿음을 가지면 수많은 마음들이
당신의 말과 행동에 믿음을 보일 것이다.

진실을 주면 당신의 선물을 친절히 받을 것이고
존경을 주면 존경을 받을 것이다.

그리고 따뜻한 미소를 주면 틀림없이
걸맞은 달콤한 미소를 받을 것이다.

슬퍼하는 사람들에게 동정하고 애도하면
당신은 다시 꽃을 받을 것이다.

마음의 씨앗들을 세상에 뿌리는 일이
비록 헛되이 보일지라도
언젠가는 열매를 거두게 되리라.

왕이든 걸인이든 삶은 다만 하나의 거울,
우리의 존재와 행동을 그대로 보여주는 것

자신이 가진 최상의 것을 세상에 주면
최상의 것이 당신에게 돌아올 것이다.

제 6 장

생각의 탄생

- 같은 상황이라도 바라보는 관점은 사람들마다 다릅니다. 나는 어떤가요?
- 깊게 생각하다보면 '아하'체험을 할 수 있습니다. '아하'체험을 한 어떤 경험이 있나요?
- '실패'에는 어떤 의미가 담겨 있을까요?

1. 《90%가 아니라 10%》

카와시마는 아침 일찍 사과 농장으로 가기 위해 집을 나섰다. 어젯밤에 휩쓸고 간 태풍 때문에 뜬눈으로 밤을 새웠다.

'제발 아무 일이 없어야 할 텐데. 그렇게 비바람이 세게 불었는데 사과가 제대로 붙어있을 리가 없겠지.'

이런저런 걱정에 바쁜 걸음으로 농장에 도착했다. 도착해 보니 농장은 아수라장이 되어 있었다. 뿌리째 뽑히고 가지가 부러진 나무, 여기저기 무수히 떨어진 사과들. 농장은 폭격을 맞은 듯 처참한 몰골을 하고 있었다. 상황은 절망적이었다. 다른 농장도 상황은 마찬가지였다. 옆 농장의 스즈키씨도 일찍 농장에 나왔지만 수확을 눈앞에 두고 떨어진 사과를 보면서 망연자실한 채 무엇을 어찌해야 할지 모르고 있었다.

스즈키는 카와시마를 보자 하소연을 했다.

"이제 어쩌죠? 올해 농사는 다 망했어요. 남은 사과는 10% 남짓 됩니다."

"그러게요. 우리 농장도 비슷해요. 이렇게 많이 떨어질 줄은 몰랐어요."

"이번에 사과 수확을 해서 들어 올 돈을 예상하고 농기계를 할부로 들여 놨는데, 할부금도 못주게 생겼네요. 애 엄마 병원비도 꽤 많은 돈이 들어가는데……."

"저도 큰애 대학 등록금을 거기서 충당하려고 했는데, 상황이 난감하게 됐네요."

"정말 하늘도 무심하시지. 하필 수확할 때 태풍을 보내신단 말인가……."

스즈키는 끝내 울음을 터트렸다. 스즈키의 부인은 몇 년째 당뇨로 고생하고 있는데, 최근에는 합병증이 심해져 눈이 실명할 위기에 처해 있었다. 올해는 예년에 비해 사과 농사가 잘돼 스즈키는 희망에 부풀어 있었다. 부인을 큰 병원으로 옮겨 치료를 체계적으로 해볼 요량이었다. 그런데 강력한 태풍이 불어 하루아침에 그의 꿈을 앗아간 것이다.

카와시마는 어떻게 위로를 해야 할지 퍼뜩 떠오르지 않았다. 카와시마는 동네를 둘러봤다. 모든 사과 농장이 수확을 앞두고 거의 전멸 지경이었다. 동네뿐만 아니라 아오모리현 전체가 위기에 빠진 것이다. 집으로 돌아와 TV를 켰다. 뉴스에서는 태풍 피해 소식을 전해주었다. 사과 주산지인 아오모리현 사과 농장 소식도 비중있게 다루고 있었다. 한 농부는 인터뷰에서 올해 농사는 포기했다며 눈물을 흘렸다.

'어쩌면 좋을까? 정말 방법이 없는 걸까?'

'떨어진 사과를 어느 정도 가격에 팔 수 있을까? 떨어진 사과는 상품성이 거의 없다고 봐야지.'

카와시마는 고민에 잠겼다.

태풍은 지나갔고, 사과는 대부분 떨어졌다. 이 상황을 바꿀 수는 없었다.

'역시, 다른 방법은 없겠지.'

카와시마는 자포자기 심정으로 방으로 들어왔다. 책상 위에 평소에 즐겨 보던 《삼국지》가 놓여 있었다. 손에 잡히는 대로 아무 곳이나 폈다.

228년 제갈량이 8만 대군으로 4차 북벌에 나섰던 이야기가 눈에 들어왔다. 마속이 사마의에게 가정에서 대패하자 사마의가 15만 대군을 이끌고 제갈량이 지키는 서성으로 쳐들어왔다. 제갈량에게는 군사도 장수도 없었다. 꼼짝없이 사마의 손에 죽을 판이었다. 고립된 제갈량은 비장의 카드를 던졌다. 그는 성문을 활짝 열고 노약자들이 아무 일 없는 듯 태연하게 거닐도록 했다. 제갈량은 성곽 위에서 태연히 거문고를 연주했다. 낯선 광경에 사마의는 멈칫했다. 부하들에게 함부로 공격하지 말라고 했다. 분명히 성안쪽에 촉나라군이 매복하고 제갈량이 자기를 속이기 위해 거짓으로 거문고를 연주하고 있다고 생각했다. 사실 제갈량은 거문고를 타면서도 혹시나 사마의가 공격하면 어쩌나 하면서 걱정하고 있었다. 거리가 멀어 안 보여서 그렇지 제갈량의 이마에는 땀이 맺혀 있었다. 그러다 너무 긴장한 탓에 거문고 줄이 끊어지고 말았다. 갑자기 연주가 멈추자 그것이 공격 신호라고 오해한 사마의 군대는 곧바로 후퇴하고 제갈량은 목숨을 건진다.

책을 읽다보니 태풍으로 근심하던 일을 잠깐이나마 잊을 수 있었다. 카와시마는 쇼파에 드러누웠다. 아무 생각없이 천정을 바라보다가 좀 전에 읽은 《삼국지》의 공성계(空城計)가 떠올랐다.

'성이 텅 비었는데 그걸 역이용했다? 사과가 떨어진 이 상황도 역이용할 수는 없을까?'

'사과는 90%가 떨어지고 10% 밖에 남지 않았다. 사과 90%는 팔기도 어렵고 상품성도 없다. 그렇다면 나머지 사과 10%를 팔아야 하는데, 그걸 판다고 해서 수익이 많아지는 건 아니다.'

그는 계속 생각을 이어갔다.

'가만, 그래 사과 10%. 아직 붙어 있는 그 사과 10%. 그 사과는 좀 특별한 사과가 아닌가? 강력한 태풍도 이겨낸 사과. 절대 떨어지지 않는 사과. 내가 소비자라면 그 사과를 사고 싶을까? 당연히 수험생 부모라면 그 사과를 사서 자녀에게 선물하고 싶겠지. 특별한 사과니까 가격은 좀 비싸도 되지 않을까?'

카와시마의 입가에 미소가 번졌다. 분명히 가능성이 있어 보였다. 어서 동네 사람들에게 자기 생각을 알려주고 싶었다. 그는 사과영농법인 사무실로 향했다. 법인은 동네에서 생산된 사과를 모아서 한꺼번에 유통과 판매를 하는 마을 공동 회사였다. 저녁 무렵이지만 사과 문제로 몇 명이 남아서 의논을 하고 있었다. 스즈키도 거기 있었다. 카와시마는 자신감 넘치는 표정으로 그들에게 말했다.

"찾았습니다. 사과 문제를 해결할 방법을 찾았어요."

"정말요? 어떤 방법이 있죠?"

"떨어지지 않은 사과를 파는 겁니다. 태풍에도 떨어지지 않은 특별한 사과니까 가격은 한 개당 1000엔이면 적당할 것 같습니다."

"뭐라구요? 한 개에 100엔 하는 사과를 1000엔에 판다고요? 10배나 비싸면 그걸 누가 살까요?"

"맞아요. 너무 비싸요. 사기꾼이라고 욕 먹을 것 같아요."

여기저기서 부정적인 반응이 쏟아졌다.

카와시마는 차분하게 말했다.

"이건 사기가 아닙니다. 수험생 부모와 학생들에게 심리적인 안정과 자신감을 공급하는 일종의 서비스라고 할 수 있습니다. 우리는 사과를 파는 게 아니라 사과에 담긴 '의미', 즉 스토리를 파는 겁니다. 태풍과 비바람을 견뎌낸 사과를 먹고 시험에서 합격하라고 축원을 하는 겁니다. 이건 내년에는 생산할 수 없는 한정된 사과이고, 특별한 의미가 있는 사과입니다. 떨어지지 않는 사과라고 홍보하면 분명 완판될 겁니다."

카와시마가 하는 말을 듣고 사람들은 고개를 끄덕이고 수긍했다. 사실 지금 상황에서 별다른 대책이 있는 것도 아니었다.

"상품명은 '합격사과'라고 해야겠군요. 태풍에도 절대 떨어지지 않는 사과, 이 사과를 먹으면 시험에 절대 떨어지지 않고 합격을 보장합니다, 이렇게 광고 문구를 만들면 좋을 것 같아요."

스즈키는 조금 흥분된 목소리로 말했다. 농부들은 각자 역할을 분담했고 자신에게 맡겨진 업무를 진행하기 위해 서둘러 귀가했다.

그리고 얼마 후, '합격사과'가 마트에 등장하자 날개 돋친 듯 팔려나갔다. 10배나 비싼 가격에도 불구하고 사과는 하나도 남김없이 모두 팔렸다. 결국 그해 아오모리현 사과 농가는 전년도보다 30%나 높은 수익을 남길 수 있었다.

그런데 마트에서 '합격사과'를 산 농업 기술자 야스나리는 자신도 창의적인 제품을 만들어보고 싶은 욕심이 생겼다. 평소 주변에서 창의적 아이디어를 많이 내서 칭찬과 주목을 받았던 그였다. '합격사과'는 태풍이 불어서 어쩔 수 없이 생각해 낸 거지만 자신은 주도적으로 독창적인 과일을 만들어 보기로 결심했다. 우선 괜찮은 아이템을 찾는 게 중요했다. 마트에 가서 과일 코너를 매일 둘러보았다. 하지만 묘수가 떠오르지 않았다. 역시 창의적인 과일을 만들기는 쉽지 않았다.

몹시 더운 여름 날, 야스나리는 시원한 수박을 사러 갔다. 수박 코너에 수박이 쌓여 있었다. 제일 맛있게 생긴 수박을 고르기 위해 이 수박 저 수박을 만지다 문득 떠오르는 생각이 있었다.

'그래, 왜 수박은 다 둥글까? 왜 네모난 수박은 없을까?'

'수박이 네모나면 굴러다니지 않고 보관하기도 편할 텐데.'

그리고 보니 네모난 수박은 한 번도 못 본 것 같았다.

'네모난 수박을 만들면 사람들이 신기하게 생각하고 분명 많이 살 거야.'

생각이 여기에 미치자 그는 당장 네모난 수박 연구에 들어가기로 했다. 네모나게 만들려면 수박이 어느 정도 자란 뒤 플라스틱 육면체 안에다 키워야 육면체 모양 수박이 만들어질 거라 판단했다.

수박 한 개당 한 개의 플라스틱 육면체가 필요했으므로, 플라스틱 육면체가 꽤 많이 필요했다. 일단 공장에 플라스틱 육면체를 10,000개 주문했다. 공장에 규격을 알려주고 최대한 빨리 만들어 달라고 했다. 그리고 알고 지내던 수박 농장 주인들에게 육면체 수박을 만들어 보자고 설득했다. 만약 육면체 수박을 생산하면 합격사과보다 더 큰 수익을 올릴 수 있을 거라고 얘기했다. 농부들은 '합격사과'의 사례를 알고 있던 터라 쉽게 승낙을 했다. 더구나 야스나리가 누군가? 알 만한 사람은 다 아는 창의적 인물이 아닌가? 덕분에 농부들과 계약하는 일은 순조롭게 진행됐다.

플라스틱 용기가 도착하자 농부들에게 수박을 그 안에 하나씩 집어넣게 했다. 일일이 하나씩 집어넣으려니 그것도 쉬운 일이 아니었다. 하지만 '합격사과'처럼, 아니 그 이상으로 많이 팔릴 것을 생각하니 그 정도는 어려운 것도 아니었다.

그리고 얼마 후 드디어 수박이 다 자랐다. 이제 육면체 수박을 세상에 선

보일 때가 되었다. 농부들은 플라스틱 육면체를 해체했다. 해체된 플라스틱 안에는 육면체 모양의 수박이 멋진 자태를 자랑하고 있었다.

"와~ 진짜 육면체 수박이네."

"정말 멋진데요. 이 세상에 처음 선보이는 육면체 수박이네요."

다들 탄성을 질렀다.

"이 수박은 가격을 얼마로 하면 좋을까요?"

"우리도 '합격사과'처럼 10배로 해요."

"합격사과는 한 개에 1,000엔이었으니까 우리는 10,000엔이 어떨까요?"

"10,000엔은 너무 비싸지 않을까요?"

수박 가격에 대해 여러 의견이 있었지만 대체로 가치가 있는 만큼 많이 올려야 된다는 의견이 지배적이었다. 연구 비용과 플라스틱 원가 등을 고려해서 최종 결정된 가격은 9,100엔이었다. 원화로 10만 원이 조금 넘는 가격이었다.

야스나리는 서둘러 유통시켰고 마트에 육면체 수박이 전시됐다. '이제 내일이면 육면체 수박 소식에 일본 열도가 들썩일 거야.' 야스나리는 인터뷰할 원고도 미리 점검했다. 자기의 창의성을 널리 알릴 기회이므로 꼼꼼하게 내용을 메모했다. 그런데 하루가 지나고 이틀이 지나도 인터뷰 요청은 없었다. 인터뷰는 고사하고 마트에서 육면체 수박이 팔리지 않아 반품이 되기 시작했다. 야스나리는 이런 상황이 당황스러웠다. 이건 자신의 계획에 없던 시나리오였다. 설상가상으로 유통업체에서 육면체 수박을 전량 반품 할 것이라고 연락이 왔다. 상황은 절망적이었다. 야스나리는 힘없이 사무실 의자에 앉았다. 눈앞에 반품된 육면체 수박이 보였다. 그는 수박을 잘라서 한 조각 베어 먹었다. 수박을 몇 번 씹다가 그는 뱉어내고 말았다.

'뭐지, 이건? 이건 수박 맛이 아니잖아. 전혀 달지 않아. 어떻게 된 거지?'

그는 허탈한 웃음을 지었다. 플라스틱 안에서 자란 수박은 햇볕을 받지 못해 달지 않았던 것이다.

야스나리는 수박에게 혼잣말을 했다.

"넌, 달지도 않고, '합격사과' 만큼 의미 있는 존재도 아니었어."

몇 년 후.

육면체 수박의 아픔이 아물고 충격에서 어느 정도 벗어난 야스나리는 무엇이 문제였는지 천천히 생각해 봤다.

'육면체 수박은 아무 문제가 없었어. 좀 더 다른 접근이 필요해.'

'카와시마가 '합격사과' 아이디어를 얻을 때 《삼국지》 제갈량의 공성계에서 힌트를 얻었다고 했지? 나도 다른 접근법이 필요해.'

우선 마음을 편하게 먹기로 했다. 조급한 마음을 먹을수록 문제의 해법에서 벗어나기 마련이니까.

'제갈량이 있던 성은 텅 비어 있었다. 사마의는 그것을 모르고 있었지. 사마의가 바라본 성은 수많은 군사가 매복하고 덫에 걸린 자신들을 공격하려는 모습이었다. 그러니까 바라보는 게 달랐다는 것이지. 다르게 바라보면 다른 행동이 나온다?'

야스나리는 뭔가 실마리를 찾은 것 같았다.

'그래, 육면체 수박을 그렇게 많이 만들 필요가 없었어. 어차피 맛도 없으니 먹을 수도 없겠지. 차라리 다른 용도로 사용하는 게 좋을 것 같아.'

'먹지 않는 수박? 먹지 않는 수박이라……. 그래, 먹지 않고 보는 수박이 좋겠군.'

야스나리의 눈빛이 빛났다. 이번에는 관상용으로 만들어 보기로 마음먹었다.

'관상용이라면 꼭 육면체가 아니어도 좋겠군.'

부채꼴, 마름모꼴 등등 다양한 수박을 만들어 보기로 했다. 먹는 용도가 아니라 전시용이니 수량도 많이 만들 필요가 없을 것 같았다.

'그래, 이번에는 소량으로 만들어보자.'

그는 다시 공장에 육면체를 비롯해 몇 가지 형태의 플라스틱 용기를 주문했는데 예전처럼 그렇게 많이 하지는 않았다. 이번에는 1,000개만 신청했다.

한 번 경험을 했던 터라 이번 작업은 어렵지 않고 수월하게 진행했다. 많이 생산하지 않은 관계로 작업도 힘들지 않았다.

　시간이 흘러 드디어 여러 가지 모양 수박이 완성됐다. 이번 수박은 행사를 많이 하는 전시회 운영 기관이나 단체를 대상으로 홍보를 했다. 예상대로 기업체에서 주문이 많이 들어왔다. 야스나리는 이번이야말로 육면체수박의 희소성과 가치를 빛낼 시기라고 생각했다. 그래서 가격은 20,000엔이 적당하다고 생각했다. 주위에서는 가격을 그렇게 많이 올리면 어떻게 하느냐고 말렸지만 야스나리 생각은 달랐다. 그의 예상대로 이번에는 국내뿐만 아니라 해외에서도 주문이 들어왔다. 한 번의 실패가 소중한 성공의 씨앗이 됐다.

*합격사과와 육면체 수박
　1991년 일본 아오모리현에 닥친 태풍으로 탄생한 합격사과 사례와 2001년과 2017년 출시된 육면체 수박 사례를 이야기 형식으로 재구성한 픽션입니다.

2. 《교차점에서》

건축가 믹 피어스는 알고 지내던 부동산 회사의 대표로부터 아침 일찍 한 통의 전화를 받았다.

"피어스, 당신의 능력을 보여줄 기회가 왔어요. 짐바브웨 수도 하라레에 쇼핑센터를 지어주세요."

"쇼핑센터요? 좋기는 한데……. 쇼핑센터를 만들 사람은 많이 있을텐데, 특별히 저한테 부탁하는 이유라도 있나요?"

"흠, 역시 센스가 있군요. 한 가지 조건이 있습니다. 에어컨을 설치하지 않고 쾌적한 상태를 유지해야 합니다."

"그게 가능할까요? 섭씨 40도를 오르내리는데 에어컨 없이 쾌적한 온도를 유지하는 게 가능하다고 생각하세요?"

"당연히 일반 상식으로는 불가능하죠. 하지만 피어스 당신이라면 충분히 해낼 수 있을 거요. 그래서 이렇게 부탁하는 거구요. 반짝반짝 빛나던 창의성을 이번에도 볼 수 있겠죠?"

"알겠습니다. 한 번 해보죠."

전화를 끊고 피어스는 생각에 잠겼다.

'에어컨 없이 시원한 건물이라……. 쉽진 않겠는 걸.'

작업 난이도가 높은 만큼 쉽게 해결책을 찾기는 어려울 것 같았다. 그렇지만 마음속에서 한 번 도전해보자는 의지가 꿈틀대며 올라오는 것을 느꼈다.

'생각해 보자. 생각하다 보면 아이디어가 생기겠지.'

사무실을 나서며 그렇게 혼잣말을 중얼거렸다. 하지만 한 번도 시도해 본 적이 없는 건축물을 만든다는 것이 어디 그렇게 쉬운 일인가. 더구나 모든 건물에 필수적인 에어컨을 설치하지 말라니, 난문제 중에 난문제였다.

2주 뒤, 낯익은 번호의 전화가 왔다.

"피어스씨, 쇼핑센터 설계는 잘 돼가고 있나요?"

"엄청 어려운 숙제를 내주고, 이렇게 빨리 압력을 주시는 건가요? 이제

겨우 2주 지났는데요."

"하하, 이런. 압박으로 느꼈다면 죄송합니다. 그냥 안부차 전화한 겁니다. 저희가 계획한 것이 있어서 조금 서둘러 주시면 감사하겠다는 뭐 그런 정도의 얘기를 하려고 했던 거죠."

"걱정 마십시오. 좋은 아이디어가 몇 개 있으니 조만간 연락드리겠습니다."

전화를 끊자, 피어스는 마음이 조급해졌다.

'서둘러야겠군, 어서 돌파구를 찾아야 할 텐데.'

피어스는 직원 회의를 소집했다. 지난 2주 동안 각자 찾아본 좋은 계획을 발표하기로 했는데, 여기서 좋은 아이디어가 나올 것 같았다. 그런데 회의에 참석한 직원들의 표정이 어두워보였다.

"자, 그동안 자료 조사는 충분히 해 봤겠죠. 시간 없으니까 바로 본론으로 들어갑시다. 한 사람씩 발표하죠."

"죄송한데요. 저희가 어제까지 알아봤는데요. 더운 지방에서 에어컨 없이 시원한 건물을 만든 사례를 찾지 못했습니다. 그래서 말씀드리는 건데요. 이번 건은 못하겠다고 회신을 하는 게 어떨까요? 그 건물 아니어도 우리 회사에서 할 프로젝트는 많이 있잖아요."

"뭐라고요. 할 수가 없다? 다른 사람도 같은 생각인가요?"

"……."

다들 침묵으로 동의했다.

"알겠어요. 일단 회의는 여기서 마치고 이번 프로젝트를 할 건지 말 건지는 내가 좀 더 생각해 보고 결정을 내리도록 하겠습니다."

회의는 싱겁게 끝났다. 피어스는 일찍 퇴근을 해야겠다고 생각했다. 이럴 때는 계속 생각한다고 해서 방법이 나오는 게 아니다. 집에 가서 욕조에 몸을 담그고 머리를 가볍게 하는 게 좋을 것 같았다. 피어스는 바로 집으로 향해 집에 들어서자마자 욕조로 들어갔다. 몸을 담그다보니 복잡했던 머리도 시원해지는 것 같았다.

'옛날 아르키메데스도 왕이 내준 수수께끼를 해결하지 못하다가 욕조에서 아이디어를 얻었다고 했지. 나에게도 그런 행운이 와주면 얼마나 좋을까?'

하지만 욕조에 있는 동안 어떤 아이디어도 떠오르지 않았다. 헛된 생각을 한 자신이 부끄러운 생각이 들어 피식 웃었다. 몸을 닦고 가벼운 복장으로 거실로 갔다. 아무래도 오늘은 일하기가 싫었다. 가볍게 TV나 보자는 생각이 들었다. TV를 켜니 흰개미들의 생활상을 다룬 다큐가 화면에 나왔다.

"흰개미집은 통로가 복잡하게 얽혀 있지만 표면의 수많은 구멍으로 바깥과 연결됩니다. 흰개미는 곰팡이와 버섯을 키우는 부분과 주요 생활 공간을 집 아래쪽에 두고 비교적 시원한 공간에서 생활하기 위해 집을 탑처럼 높이 쌓아 올려 큰 집은 최대 6m에 달합니다. 생활 공간에서 발생한 더운 공기는 대류 현상에 따라 개미탑 위쪽 구멍을 통해 밖으로 빠져 나갈 수 있도록 될 수 있는 한 높게 탑을 쌓아 올리는 것입니다. 더운 공기가 빠져나간 내부 생활 공간에는 개미탑 바닥의 구멍을 통해 선선한 새 공기가 들어옵니다.

흰개미는 개미탑 위아래에 뚫어 놓은 구멍들을 열고 닫으면서 공기 흐름을 조절해 개미탑 내부 온도를 일정하게 유지합니다. 흰개미의 이런 환기 시스템은 한낮 기온이 섭씨 40도를 넘어가고, 밤에는 영하에 육박할 정도로 밤낮의 일교차가 심한 아프리카 초원의 강자로 살아갈 수 있는 원동력이 됩니다. 흰개미집은 언제나 섭씨 29~30도 정도로 유지될 만큼 효율적입니다."

평소 생태에 관심이 많았던 그는 자연스럽게 흰개미 이야기에 빠져들었다. 그러고 보니 어렸을 때 흰개미를 보고 신기해하던 기억이 났다. '이렇게 더운데 흰개미는 왜 집을 땅속에 안 짓고 이렇게 높게 지은 걸까?' 하는 의문이 들었는데 다큐를 보니 그 의문이 해소됐다.

'음, 그래서 더운데도 흰개미집 안은 저렇게 시원할 수 있는 거구나.'

그런 생각을 하니 갑자기 쇼핑센터가 생각났다.

'맞아, 흰개미집 원리를 이번에 설계할 쇼핑센터에 적용할 수는 없을까?'

피어스는 충분히 가능성이 있을 것 같았다. 다음날 그는 회사에 출근하지 않았다. 그 대신 흰개미집과 관련된 자료를 모으고 그 원리가 건축물에 적용될 수 있는지 가능성을 알아봤다. 긴 하루가 지났다. 하루 종일 자료 수집과 흰개미에 대해 잘 아는 전문가를 만나느라 식사도 하지 못했다. 완전히 탈진한 상태였다. 하지만 머릿속은 달이 뜬 것처럼 밝아졌다. 마지막 자료를 정리하고 잠자리에 들었다.

다음날, 부동산 회사를 찾아간 그는 대표에게 자신의 계획을 얘기했다.

"이번 설계의 핵심은 '공기의 순환'입니다. 쇼핑센터 꼭대기에는 63개 통풍구를 설치해 더운 공기가 빠져 나가게 하고, 맨 아래층 바닥에도 수많은 구멍을 뚫어 지하의 차가운 공기가 쇼핑센터 내부로 들어오도록 할 겁니다.

아울러 같은 건물 2동을 대칭형으로 세우고 두 건물 가운데를 통으로 비워 건물 한 동과 맞먹는 크기의 초대형 '공기통(로비·홀)'을 둡니다. 그리고 두 건물 꼭대기는 유리 재질 캐노피로 천장을 만들어 하나의 건물로 합칩니다. 가운데 공기통에는 소용량의 선풍기를 설치해 양쪽 건물로 공기를 보내고, 지하에 뚫린 구멍에서도 찬공기가 쉼 없이 유입됩니다. 내부의 더운 공기는 대류 현상에 따라 밀려 올라가 꼭대기 통풍구로 빠져 나가게 됩니다. 흰개미들이 개미탑의 구멍을 조정해 온도를 조절하듯 쇼핑센터도 건물 곳곳에 설치된 환기구를 여닫아 내부 온도를 조절할 수 있습니다."

"오, 그럴듯하게 들리네요. 흰개미집을 이용한 건축물이라……. 믹 피어스의 이름을 빛나게 해줄 탁월한 건축물이 될 것 같은 예감이 드는데요."

  그리고 꽤 많은 시간이 흐른 뒤, 피어스의 계획대로 쇼핑센터가 완공됐다. 쇼핑센터 이름은 이스트게이트였고, 이곳은 한 여름 뜨거운 한낮에도 섭씨 24도의 실내 온도를 유지했다. 열사의 땅 아프리카에서 에어컨 없이 쾌적한 온도가 유지되다보니 이스트게이트 쇼핑센터의 전력 사용량은 동일한 규모 건축물의 10%에 불과했다. 연간 350억 원 가량의 비용이 절감됐다.

  피어스는 뿌듯한 마음으로 쇼핑센터를 바라보고 있었다. 그때 휴대전화가 울렸다.

  "안녕하세요, 피어스씨. 아프리카에 획기적인 쇼핑센터를 만드신 거 축하드립니다. 여기는 호주 멜버른인데요. 시청 청사를 새로 지으려고 하는데 비슷한 방법으로 지어주셨으면 합니다. 바쁘시더라도 꼭 직접 해주시면 감사하겠습니다."

*이스트게이트 쇼핑센터와 믹 피어스
위 내용은 1996년 짐바브웨 출신의 건축가, 믹 피어스(Mick Pearce)가 자국 수도인 하라레에 에어컨이 없는 쇼핑센터를 설계해달라는 요청을 받고 흰개미의 환기 시스템을 모방해 최초의 대규모 자연 냉방 건물인 '이스트게이트 쇼핑센터'를 건설했던 이야기를 재구성한 픽션입니다.

3. 《목동에서 철조망 사업가로》

13살 조셉은 날마다 양들을 돌보고 있었다. 그가 관리하는 양들은 숫자가 제법 되는데 비슷하게 생긴 양들 얼굴을 보면, 그 녀석이 누구고 어떤 특징을 가지고 있는지 다 기억했다. 조셉은 어릴 때부터 관찰력과 기억력이 뛰어나 어른들이나 선생님이 학자가 될 것이라고 기대했지만, 가난한 가정 형편에 중학교 진학을 포기하고 말았다.

아버지는 대장간을 운영하고 있었는데 주변에 큰 공장이 들어서면서 겨우 생계를 유지하는 수준이었다. 조셉은 가난한 형편에 학교를 진학할 수 없게 되자 일찌감치 돈을 벌면서 자신의 진로를 정하기로 결심했다.

동네에서 큰 농장을 경영하는 마이클 아저씨께 도움을 청했더니 자신의 목장에 와서 일하면서 목축업을 배워보면 어떻겠냐고 했다. 조셉은 사실 목축업에 많은 관심이 있었으므로 흔쾌히 제안을 받아들였다.

조셉이 목장에서 주로 할 일은 양 떼를 돌보는 일이었다. 목장에는 수백 마리 양들이 있었는데, 사람이 혼자서 돌보기 어려워 영리한 개와 함께 양 떼를 돌보았다. 양 떼를 돌보는 일은 그리 어려운 일이 아니었다. 목장 둘레로 울타리가 쳐져 있어서 양들은 목장의 초원 안에서 풀을 뜯거나 쉬었다. 조셉은 처음에는 긴장을 해서 양 떼에게 눈을 떼는 법이 없었으나 차츰 익숙해지자 시간이 아깝기도 하고 무료하기도 해서 잠깐씩 책을 읽었다. 초등학교 때도 책 읽는 것을 즐겨 도서실을 바쁘게 드나들던 그였다. 양들이 풀을 뜯고 있을 동안, 그는 책을 읽으며 자신의 앞날을 생각하며 행복한 미래를 그리곤 했다.

그런데 책에 빠져서 읽다 보면 개가 짖는 소리가 들렸다. 급하게 뛰어가 보면 양 몇 마리가 울타리를 넘어가 있는 것이 보였다. 그러면 개와 함께 양들을 몰아서 다시 목장 초원으로 몰아서 집어넣곤 했다. 그러던 어느 한가한 오후, 목장 관리인의 다급한 목소리가 들려왔다.

"조셉! 도대체 뭘 하고 있는 거니? 저길 좀 봐라." 관리인이 가리키는 곳을 바라본 조셉은 정신이 아찔했다. 몇 마리 양이 울타리를 넘어가 남의 농작물을 엉망으로 만들고 있었다. 개가 짖지 않아 아무 일 없다고 생각하고 있었는데 낭패였다. 개는 주인 아들과 함께 옆 동네에 가고 없었는데, 그 사실을 깜빡한 것이다.

이후 조셉은 울타리를 돌며 양들을 감시했다. 그러나 양들은 조셉의 눈을 피해 이웃 농작물을 계속 망쳐 놓기 일쑤였다.

그런 일이 자주 반복되니 조셉은 신경이 많이 쓰였다.

'양들이 철조망을 못 넘어 가게 할 방법이 없을까?'

'편하게 책을 집중해서 읽으려면 어떻게 해야 하지?'

조셉은 산책을 하면서 농장 여기저기를 둘러봤다. 당시 울타리는 철사를 빨랫줄 모양으로 연결시키거나 말뚝을 박은 것이 고작이었다. 부실한 철조망은 좀 더 단단하게 손질을 했다. 양들은 약간 느슨해진 철조망을 금방 알아채고 그쪽으로 넘어갔다. 그런데 그렇게 농장 주변을 산책하던 어느 날 한 가지 놀라운 사실을 발견했다. 양들은 가시가 있는 장미 넝쿨 쪽을 피해, 막대기나 철사로 된 울타리 쪽으로만 넘어가고 있었다. 그것을 보고 조셉은 미소를 지었다.

그 날부터 조셉은 장미 넝쿨을 조금씩 잘라 울타리에 매었다. 이후 한동안 양들은 울타리를 넘지 않았으나 곧 꾀가 생긴 양들은 머리를 비벼 울타리 넝쿨을 떨어뜨리고 넘어가기 시작했다. 다시 고민이 깊어졌다.

어느 날, 조셉은 놀라운 사실을 하나 더 발견했다. 철사를 두 가닥으로 꼬아 연결한 다음 잘라버린 부분에 5cm 정도의 철사 가시가 생긴 것을 본 것이다. 순간 조셉의 머릿속에 기발한 생각이 떠올랐다.

'맞아! 철사 울타리에도 가시넝쿨처럼 철사로 가시를 만들어 붙이면 되겠군.'

그는 곧장 아버지가 운영하는 대장간으로 가 아버지와 함께 밤을 새워 철사를 잘랐다. 그리고 나서 울타리에 철사 토막을 넣어 가시처럼 붙이는 작업을 계속했다. 완성된 철사 가시는 가시넝쿨보다 수명도 훨씬 길고, 그 끝도 몇 배나 날카로웠다. 그러자 양들은 더 이상 철사 가시가 있는 철조망을 넘을 궁리를 하지 못했다.

다음날 아침, 목장을 살피러 온 마이클 아저씨는 깜짝 놀라며 조셉에게 말했다.

"조셉, 이거 네가 만든 거니?"

"네."

"정말 대단한 발명을 했구나. 빨리 아버지를 모시고 오너라. 특허 출원을 해야겠다. 아마 넌 다시 학교를 다닐 수 있을지도 모르겠구나. 저 가시철사로 만든 철조망은 분명 어마어마하게 팔릴 거야."

조셉은 마이클의 도움으로 특허 출원을 하고 목장 관리인이 되었다. 이후 철사 가시 울타리는 크게 소문이 났다. 조셉은 철조망을 생산하는 공장을 차렸다. 하지만 밀려오는 주문을 감당하기조차 힘들었다. 1년 후 조셉의 철사 가시는 미국을 비롯한 세계 각국의 특허청에 등록되었다. 그가 특허권이 끝날 때까지 벌어들인 돈은, 미국의 공인 회계사 11명이 1년 동안 일해도 다 계산하지 못할 만큼 엄청난 금액이었다.

목축업에 종사하는 것이 꿈이었던 조셉은 우연한 기회에 철조망 제조업자가 되었다. 조셉은 이 일을 두고 이렇게 말했다.

"기회는 항상 자기 주변에 있다는 것을 알게 됐습니다. 창의성도 멀리 있는 게 아닙니다. 내 주변에 있는 것, 내가 불편한 것부터 생각해 보세요."

*조셉과 철조망

위 이야기는 가시철조망을 만든 조셉의 실화를 바탕으로 만든 픽션입니다. 조셉이 만든 철조망은 제1차 세계 대전이 터지면서 세계 각국에서 국경선을 표시하기 위해 찾는 수요가 폭발적으로 늘기 시작했습니다. 1차 세계 대전이 끝날 때까지 전쟁에 쓰인 포탄보다 철조망 양이 더 많았다는 말이 있을 정도였다고 합니다.

4. 생각의 질량

:

1991년 아오모리현에 거대한 태풍이 불어 수확을 앞둔 사과가 90% 떨어지고 10% 밖에 남지 않았습니다. 농민들은 절망했고 깊은 슬픔에 잠겼습니다. 그런데 한 농부가 아직 붙어 있는 사과를 다른 관점에서 바라봤습니다. 태풍에 떨어지지 않은 '특별한' 사과라는 사실에 주목한 것입니다. 여기서 극적인 반전이 일어났는데요. 중요한 사실은 모든 사람이 바닥에 떨어진 사과를 바라보고 절망할 때, 어떤 사람은 아직 붙어 있는 사과를 보면서 기회를 발견했다는 것입니다.

•• 같은 상황, 다른 관점

앞의 얘기는 똑같은 상황에서 전혀 다르게 바라본 것입니다. 그런데 어떤 상황이 되면 대부분의 사람은 같은 생각을 합니다. 비슷한 관점으로 사물과 현상을 바라보는 것이지요. 이것은 우리가 비슷한 교육과 사고 패턴으로 살아 훈련되었기 때문입니다. 그런데 소수 사람들은 전혀 다른, 또는 반대의 패턴으로 사고합니다. 왜 이런 차이가 발생하는 것일까요?

아마도 10% 사과를 바라본 농부는 예전부터 남들과는 다른 사고 패턴으로 창의적 발견을 더 많이 경험했을 겁니다. 비슷한 경험을 반복하다 보니 힘든 상황이나 어려운 문제가 닥쳐도 걱정하지 않고 문제를 해결하려고 생각의 고삐를 잡아 당겼을 것입니다. 운동의 반복이 근육과 건강을 가져오듯 생각의 반복은 사고력 강화를 가져옵니다. 그리고 계속 생각해서 창의적 발견을 한 사람은 창의력이 강화되어 어려운 문제 앞에서도 다른 사람보다 훨씬 오랫동안 생각할 수 있게 됩니다.

창의력은 오래 생각해서 문제를 해결해 낼 수 있는 능력이며, 또 남과 다르게 생각하는 능력이라고도 할 수 있습니다. 창의력은 어떤 직업을 갖더라도 꼭 필요합니다. 인간의 사고력이 고도화된 지식 사회일수록 창의력은 자신을 차별화하고 경쟁력을 키우는 방법이 됩니다. 따라서 똑같은 패턴으로 생각하거나 행동하지 말고 가끔은 다른 관점에서 바라보는 노력이 필요합니다.

그런데 남과 다르게 생각하면 항상 창의적이라고 할 수 있을까요? 남과 다른 엉뚱한 생각을 모두 창의적인 아이디어라고 하지는 않습니다. 처음 육면체 수박을 만들었던 사람은 색다른 모양으로 만들면 소비자들이 많이 살 거라고 생각했습니다. 하지만 결과는 대실패였습니다. 따라서 무조건 다르게 생각한다고 해서 창의적이라고 얘기할 수 없습니다.

조셉이 가시 달린 철조망을 발명했을 때 목장 주인 마이클은 조셉에게 대단한 발명을 했다면서 빨리 특허 신청을 하자고 했습니다. 목장 주인이 그동안 고민했던 것을 조셉이 말끔히 해결했기 때문에 마이클은 분명히 성공할거라 확신을 한 거죠. 마이클 뿐만 아니라 다른 목장 주인들도 함께 하던 고민이었기 때문에 단번에 성공할 것을 알아본 겁니다. 그런 면에서 본다면 창의성은 '유용하고 쓸모 있는 것을 생각해 내는 능력'이라고 할 수 있습니다. 더불어 창의력은 불편한 것을 해결하기 위해 노력하는 과정에서 얻어질 수 있다는 것도 알 수 있습니다.

•• 생산자와 소비자

합격사과와 육면체 수박. 둘의 차이는 무엇일까요? 야스나리는 수박에게 혼잣말을 했죠. "넌, 달지도 않고, 합격사과만큼 의미 있는 존재도 아니었어." 이 말 속에 힌트가 있습니다. 합격사과와 육면체 수박 모두 가격이 비쌌습니다. 그런데 사과는 비싸도 사고 수박은 비싸도 사지 않았습니다. 합격사과는 그 말에 담긴 의미처럼 그것을 소비한 사람들, 사과를 선물한 부모나 그 사과를 먹은 자녀들 모두에게 심리적으로 안정을 주고 잘 될 수 있다는 믿음을 주었습니다. 그래서 사람들은 그것을 기대하고 비싸더라도 샀던 것이지요. 하지만 육면체 수박 경우, 그걸 먹었다고 해서 그것이 큰 의미로 다가오지 않습니다. 만약 누군가가 수박을 먹고 "야, 나 오늘 육면체 수박 먹었어. 10만원 주고." 이렇게 얘기했다면 그걸 들은 사람들이 어떻게 반응했을까요? "뭐라고? 10만 원짜리 수박을 먹었다고? 그냥 2만 원짜리 하나 먹으면 푸짐하게 먹을 텐데, 왜 그랬어?" 또는 "육면체 수박? 그게 뭔데? 뭐가 특별한 거야?" 이런 반응이 나올 것입니다.

그런데 여기서 한 가지 눈여겨 볼 것이 있습니다. 카와시마와 야스나리는 사실 관점이 다릅니다. 카와시마는 사과를 살 사람이 어떻게 생각할지를 생각했고, 야스나리는 자기가 새로운 수박을 만들면 신기해서 소비자가 당연히 살 걸로 생각했습니다. 카와시마는 물건을 살 사람 입장에서 생각했고, 야스나리는 생산하는 사람 입장에서 생각했습니다. 한 사람은 생산자 관점, 또 한 사람은 소비자 관점에서 판단했습니다. 야스나리는 나중에 다시 육면체 수박을 만들 때는 소비자 관점으로 판단했습니다. 그래서 먹는 용도가 아니라 전시용으로 사용하게 됩니다.

떨어진 사과만 쳐다봤던 사람들도 생산자 입장에서 바라봤습니다. '저렇게 땅에 떨어진 사과를 어떻게 판단 말인가?' 그렇게 생각하니 문제의 답을 찾을 수 없었던 것이지요. 우리는 생산자 관점으로 생각하는 것은 익숙합니다. 그런데 소비자 관점으로는 자주 생각해 보지 않아서 어색합니다. 평소에 관점을 바꿔서 생각해 본다면 전혀 다른 세상이 보일 것입니다.

어렸을 때부터 글쓰기를 좋아했던 조앤 롤링은 맨체스터발 런던행 기차가 네 시간이나 연착하자 고아 소년인 해리 포터 캐릭터를 생각해 냈습니다. 《해리 포터》는 세계적인 베스트셀러가 됐지만 처음 원고를 본 출판사들은 출판을 거부했습니다.

"아이들 책으론 너무 깁니다(It is far too long for a children's book)."

롤링의 첫 책이 320쪽이나 되다 보니 이런 반응이 대부분이었습니다. 세계적인 출판사 하퍼콜린스, 펭귄 등 열두 곳에서 출판을 거부했습니다.

원고를 받아 놓고도 출판사 편집부는 롤링의 창조적 상상력을 알아보지 못한 것인데요. 어째서 베테랑 직원이 모인 큰 출판사 직원들은 빼어나고 독창적인 아이디어를 제대로 들여다보지 못한 걸까요?

반면 신생 출판사인 블룸스버리는 《해리 포터》의 진가를 알아보고 출판을 결정합니다. 블룸스버리의 뉴턴 사장은 원고를 대하는 방식이 달랐습니다. 그는 직원들에게 원고를 돌려 읽으라고 하지 않고 여덟 살 난 딸에게 먼저 읽어보라고 합니다. 잠재 독자이니까요. 그의 딸은 롤링이 기차가 연착해서 해리 포터를 구상하던 딱 그 시간만큼 단숨에 원고를 읽고 2권을 달라고 재촉했습니다. 딸의 반응을 보고 사장은 출판하기로 결정했습니다.

여기서 다른 출판사와 블룸스버리가 원고를 바라보는 관점이 다르다는 것을 알 수 있습니다. 블룸스버리는 잠재 독자인 8살 소녀에게 읽어보게 하고 반응을 살폈습니다. 소비자 관점에서 제품을 바라보고 판단한 것입니다. 이렇게 관점을 달리하면 특별한 기회를 만들 수 있습니다.

•• 깊게 파려면 넓게 파야

창의적 아이디어는 익숙했던 상황과 습관, 지식에서 벗어나 다른 세상이나 지식을 경험하면서 생기기도 합니다. 믹 피어스는 건축 전문가입니다. 그는 무더운 짐바브웨 수도에 에어컨 없는 쇼핑센터를 만들어 달라는 주문을 받았습니다. 어려운 문제를 만난 그는 흰개미집에서 아이디어를 얻었습니다. 전통적인 건축 방식에서 벗어나 자신의 전공이 아닌 분야를 접목하여 문제를 해결한 것입니다. 건축과 흰개미집이 교차하면서 새로운 건축물이 만들어졌습니다. 서로 다른 분야가 교차하는 지점에서 이렇게 창의적인 생각이 생기곤 합니다.

또 여행이나 견문을 넓히면 창의적인 생각이 많이 나기도 합니다. 내가 만약 시인인데 밤하늘을 바라보다가 천문학자에게 별의 역사에 대해 새로운 지식을 듣게 된다면 시야가 넓어지고 영감을 받게 될 것입니다. 당연히 그렇게 쓴 시는 느낌이 다르겠지요. 반대로 물리학자가 '모든 것은 본래 바탕이 텅 비어 있다. 그것의 본질은 공(空)하다.'라는 고전 구절을 읽었다고 해봅시다. '어떻게 물질을 계속 분해해 보지도 않고 수천 년 전에 그걸 알 수 있었을까? 신기한데.'라는 생각을 하며, 이제까지 물질을 바라보던 것과는 다른 관점에서 사고하는 기회가 될 것입니다. 다른 관점으로 바라보다 보면 이제까지 생각하지 못했던 발견도 할 수 있을 것입니다.

자기의 전문성을 강화하기 위해서는 자기 분야에 대해 철저하게 알아야 하겠지만, 새로운 분야를 접하면서 더 잘 알게 됩니다. 깊게 파기 위해서는 넓게 파야 하는 이치와 같습니다.

사실 우리가 배우는 교과도 서로 연결되고 교차하기도 합니다. 음악 시간에 배운 내용이 사회 시간에 나오기도 하고, 영어 본문에 나온 내용이 과학 교과서에 나오기도 합니다. 역사 시간에 궁금했던 내용이 국어 수업을 듣다 해결되기도 합니다.

그러므로 어떤 분야든 열린 마음으로 다가서는 것이 좋습니다. '나는 물리학자가 될 거니까 미술이나 사회는 공부 안 해도 될 것 같아.' '음악가가 될 건데 생물이나 화학은 몰라도 되겠지.' 하는 생각은 좁은 소견입니다.

우리는 더 자주 교차점에 서도록 노력해야 합니다. 교양을 갖출 때 전문성은 강화되고 창의적 아이디어도 많이 생길 수 있습니다.

5. 진로 생각 (1) 새롭게 바라보기

다른 관점에서 바라보는 훈련을 하기 위해서 우리가 평소에 실천할 수 있는 것들에는 어떤 것이 있을까요? 똑같은 사고 패턴에서 벗어나는 행동 방식이 있다면 최대한 써 보세요.

예 평소 다니던 길이 아닌 다른 코스를 이용해본다.

①

②

③

④

⑤

⑥

⑦

⑧

⑨

⑩

6. 진로 생각 (2) 창의적 콘텐츠

창의적인 콘텐츠를 만들거나 발견해서 소비자에게 팔려고 합니다. 나만의 창의적인 제품이나 물건을 생각해 보고, 그것이 창의적인 이유와 잘 팔릴 것이라고 생각하는 까닭을 써 보세요.

	창의적인 제품이나 물건	창의적인 이유 & 잘 팔릴 것이라고 생각하는 까닭
1	예 업종별 실패 사례를 모아 정리한 책	예 실패 사례를 미리 접하면 실수가 줄어 성공 확률이 높아지므로 사람들이 찾을 것 같다.
2		
3		
4		
5		

7. 진로 생각 (3) 창조와 결합

믹 피어스가 흰개미집 원리를 이용해서 쇼핑센터를 지었듯이 어떤 것에 다른 분야를 접목하여 만든 새로운 것을 생각해서 써 보세요.
예 건축 기술 + 흰개미집 원리 = 이스트게이트 쇼핑센터(에어컨 없는 쾌적한 건축물)

	새로운 것(창조)	무엇과 무엇이 합쳐졌나요?(결합)
1		
2		
3		
4		
5		

8. 진로 생각 (4) 아하! 체험

카와시마, 야스나리, 믹 피어스는 오랫동안 생각을 하다가 우연한 기회에 '아하' 하고 깨달음을 얻었습니다. 이처럼 오래 생각하다가 우연한 기회에 새로운 발견이나 깨달음을 체험한 사례를 아는 대로 써 보세요.

예 뉴턴 – 만유인력 법칙 발견(오랫동안 계속 생각하다 사과 떨어지는 것에서 아이디어 얻음)

①

②

③

④

⑤

9. 진로 생각 (5) 실패와 전진

떨어진 사과를 보고 모두 절망했을 때 카와시마는 새로운 관점으로 바라봤습니다. 에디슨은 '실패는 또 하나의 전진이므로 나는 절망하지 않는다.'라고 했습니다. 실패에는 성공의 씨앗이 담겨 있습니다. 자신의 지난날을 돌아보고 실패나 실수 속에 어떤 성공과 발전의 기회가 담겨 있었는지 생각해 보세요.

	실패(또는 실수) 사례	그 속에 담긴 성공과 발전의 씨앗은?
1	예 시험 전날 늦게 자는 바람에 학교에 늦었고 시험에 집중하지 못함.	예 컨디션 관리가 중요함을 깨달아 미리 계획을 세워 시험 전날은 일찍 잘 수 있도록 함.
2		
3		
4		
5		

10. 진로 생각 (6) 불편함과 창의력

조셉은 양들이 울타리를 자주 넘어가는 바람에 불편함을 느꼈습니다. 그 불편함을
극복하고자 궁리하던 끝에 가시철조망을 만들었습니다. 우리 주변에서 불편한 일이
나 불편함을 주는 것들을 찾아보고 어떻게 하면 불편함을 이겨낼 수 있을지 방법을
생각해 보세요.

	불편한 일이나 불편함을 주는 것들	고칠 방법 & 개선책
1		
2		
3		
4		
5		

진로와 詩

생 | 각 | 열 | 기

1. 시인이 말하는 '지켜야 할 약속'은 어떤 의미일까요? 그것이 얼마나 소중한 일이기에 잠들기 전에 몇 마일을 더 가야만 한다고 말하는 것일까요?

2. 어떤 진로를 택하든 살면서 자신과 세상에 지켜야 할 약속을 정한다면 그것은 무엇입니까?

눈 내리는 밤 숲가에 멈춰 서서

- 로버트 프로스트

이게 누구의 숲인지 나는 알 것도 같다.
그러나 그의 집은 마을에 있으니
눈 덮인 그의 숲을 보느라고
내가 여기 멈춰서 있는 걸 그는 모를 것이다.
내 조랑말은 농가 하나 안 보이는 곳에
일 년 중 가장 어두운 밤
숲과 얼어붙은 호수 사이에
이렇게 멈춰서 있는 걸 이상히 여길 것이다.

무슨 착오라도 일으킨 게 아니냐는 듯
말은 목방울을 흔들어 본다.
방울 소리 외에는 솔솔 부는 바람과
솜처럼 부드럽게 눈 내리는 소리뿐.

숲은 어둡고 깊고 아름답다.
그러나 나는 지켜야 할 약속이 있다.
잠들기 전에 몇 마일을 더 가야만 한다.
잠들기 전에 몇 마일을 더 가야만 한다.

　인생은 끊임없이 진로를 찾아가는 과정이며, 진로에 대한 고민이 차지하는 비중은 높습니다. 한 분야에서 평생 일을 하기 어려운 시대를 살고 있습니다. 우리는 아마 여러 번 직업을 바꾸게 될 것입니다. 그래서 진로를 찾고 직업을 정한다는 것이 쉬운 일이 아닙니다. 그래서 자기가 잘할 수 있고, 재미있는 일을 찾는 것을 게을리해서는 안 됩니다. 그러기 위해서 우리는 자신과 대화를 끊임없이 계속해야 합니다.

　나는 과연 나에 대해 잘 알고 있을까요? 다른 사람을 분석하고 평가하듯 자신에 대해 연구해야 합니다. 제품을 사용할 때 그것에 대해 잘 알아야 잘 사용할 수 있듯이 나에 대해 잘 알아야 나에게 맞는 일을 찾고 일을 해나갈 수 있습니다. 그런데 나에 대한 연구는 경험이 쌓이면서 더욱 잘 할 수 있습니다. 책이나 미디어를 통한 간접 경험과 현장에 가서 직접 경험을 해보는 방식으로 경험을 쌓다 보면 관심 분야와 내게 맞는 분야를 더 잘 찾을 수 있습니다. 물론 시행착오를 당연히 겪게 될 것입니다. 우연한 기회에 쉽게 찾을 수도 있겠지만 시간이 흘러도 좀처럼 찾기 어려울 수도 있습니다. 시간이 걸리더라도 여유를 갖고 천천히 찾아가시기 바랍니다. 포기하지 않고 가다보면 결국엔 나의 길을 찾을 수 있을 것입니다.

이 일은 누구도 대신 해줄 수 없습니다. 부모님도 선생님도 여러분을 도울 수 있지만, 나에게 가장 잘 맞는지 그렇지 않은지는 알 수 없으며, 마지막 결론은 자신이 내려야 합니다.

스스로 잘하거나 할 때 재미를 느끼는 일이라면 더 자주 해보기 바랍니다. 아무리 재미있고 잘하는 일이라도 그 분야의 전문가가 되려면 더 오랜 시간을 참고 견뎌야 합니다. 잘하는 일이 되기 위해서 첫 번째 필요한 조건은 '전문성'입니다. '그 일이라면 내가 좀 알지.' 이렇게 말할 수 있어야 합니다. '그 일은 내가 눈 감고도 말할 수 있어.' 이렇게 얘기할 정도가 아니라면 그 분야에서 탁월함을 보이기 어렵습니다.

우리는 세상의 빠른 변화를 체감하며 살아가고 있습니다. 그래서 전문성을 갖췄다 하더라도 세상의 변화에 발맞추지 못하면 자연스레 도태되는 것을 확인하고 있습니다. 그러므로 나와의 대화만큼이나 중요한 것이 세상과의 대화입니다. 나의 진로와 세상을 자주 맞춰 보세요. 세상에 대한 관심의 끈을 놓지 말고 관찰해보세요. 나의 일이 세상에서 유용하게 쓰이는 모습을 상상해보세요.

계획을 잘 세울수록 성공 확률은 높아집니다. 그렇다 하더라도 인생이 항상 계획대로 되는 것은 아닙니다. 예측하지 못한 변화들이 항상 우리를 기다리고 있습니다. 따라서 변화에 능동적으로 반응하기 위해서 잘 생각하는 습관만큼 확실한 진로 설계는 없다는 생각이 듭니다. 깊게 생각하는 습관은 어떤 어려움이나 예상치 못한 상황에서도 슬기롭게 헤쳐 나갈 지혜를 줄 것입니다.

세상을 향해 힘찬 발걸음을 준비하는 여러분의 앞날에 행운이 함께하기를 응원합니다.

1. 학생들을 위한 '진로 인문학' 특강 & 수업

'진로 인문학' 수업은 인문학을 통해 직업과 진로의 가치를 탐색하고 자신의 진로 철학을 만드는 시간입니다. 강의를 통해 진로와 인생에 대한 인식과 관점이 바뀌면 새로운 눈이 열립니다. 문학과 철학을 중심으로 어떻게 진로를 선택하고 설계할 것인지 구체적인 사례 중심으로 진행합니다. 학생들이 진로에 대해 새롭게 눈뜨는 기회를 제공합니다.

2. 학부모 대상 자녀 교육 특강

변화하는 시대에 맞는 자녀 교육 방법은 무엇일까요? 학교 공부와 미래를 준비하는 창의 융합 교육을 함께 해나가는 방법은 무엇일까요? 자녀의 올바른 진로 설계를 위해 꼭 알아야 할 정보와 지식을 전달합니다. 자녀가 진로를 탐색하고 설정하는 데 자신의 잠재력을 최대한 발휘하기 위한 부모의 역할을 알아보는 소중한 시간입니다.

3. 진로 코칭 지도사[진로 독서 지도사] 과정

전문적으로 '진로 코칭'을 지도하고자 하는 분들을 위한 전문가 과정입니다. 교육 현장에서 학생들의 체계적인 진로 코칭에 필요한 이론과 실제 사례를 중심으로 진행됩니다. 창의 융합 시대에 걸 맞는 진로 코칭과 인문학 중심의 코칭 프로그램을 통해 학생들이 세상을 향해 힘차게 나아가도록 이끌어줍니다.

* 대상

　– 진로 코칭 전문가로 활동하고 싶은 분

　– 진로 인문학을 활용하여 학생들을 체계적으로 지도하고 싶은 분

　– 창의 융합 시대에 맞는 교육법을 찾는 분

　– 학생들의 잠재력을 극대화하여 창의력과 문제 해결력을 키워주고 싶은 분

* 교육내용

구분	주제
1회차	진로와 인문학의 만남
2회차	나의 길을 찾는 여정
3회차	자신의 일을 사랑하는 사람
4회차	일의 의미와 경제적 독립
5회차	후회 없는 인생을 위하여
6회차	인간의 무궁한 가능성 열기
7회차	나만의 콘텐츠 만들기
8회차	생각의 탄생